Vida para além da morte

Dados Internacionais de Catalogação na Publicação (CIP)
(Câmara Brasileira do Livro, SP, Brasil)

Boff, Leonardo
Vida para além da morte : o presente : seu futuro, sua festa, sua contestação / Leonardo Boff. – 26. ed. – Petrópolis, RJ : Vozes, 2012.

3ª reimpressão, 2025.

ISBN 978-85-326-0488-0

Bibliografia.

1. Escatologia 2. Vida eterna I. Título.

07-9962　　　　　　　　　　　　　　　　　CDD-236.2

Índices para catálogo sistemático:
1. Vida além da morte : Cristianismo 236.2

Leonardo Boff

Vida para além da morte

O presente: seu futuro, sua festa,
sua contestação

EDITORA
VOZES

Petrópolis

© by Animus / Anima Produções Ltda.
Caixa Postal 92.144 – Itaipava
25750-970 Petrópolis, RJ

Direitos de publicação em língua portuguesa:
1973, 2003 Editora Vozes Ltda.
Rua Frei Luís, 100
25689-900 Petrópolis, RJ
www.vozes.com.br
Brasil

Imprimatur
† Dom Pedro Paulo Kop
Bispo Diocesano de Lins – SP
Lins, 20 de agosto de 1973

Todos os direitos reservados. Nenhuma parte desta obra poderá ser reproduzida ou transmitida por qualquer forma e/ou quaisquer meios (eletrônico ou mecânico, incluindo fotocópia e gravação) ou arquivada em qualquer sistema ou banco de dados sem permissão escrita da editora.

CONSELHO EDITORIAL

Diretor
Volney J. Berkenbrock

Editores
Aline dos Santos Carneiro
Edrian Josué Pasini
Marilac Loraine Oleniki
Welder Lancieri Marchini

Conselheiros
Elói Dionísio Piva
Francisco Morás
Teobaldo Heidemann
Thiago Alexandre Hayakawa

Secretário executivo
Leonardo A.R.T. dos Santos

PRODUÇÃO EDITORIAL

Anna Catharina Miranda
Eric Parrot
Jailson Scota
Marcelo Telles
Mirela de Oliveira
Natália França
Priscilla A.F. Alves
Rafael de Oliveira
Samuel Rezende
Verônica M. Guedes

Diagramação: Sheilandre Desenv. Gráfico
Capa: Adriana Miranda

ISBN 978-85-326-0488-0

Este livro foi composto e impresso pela Editora Vozes Ltda.

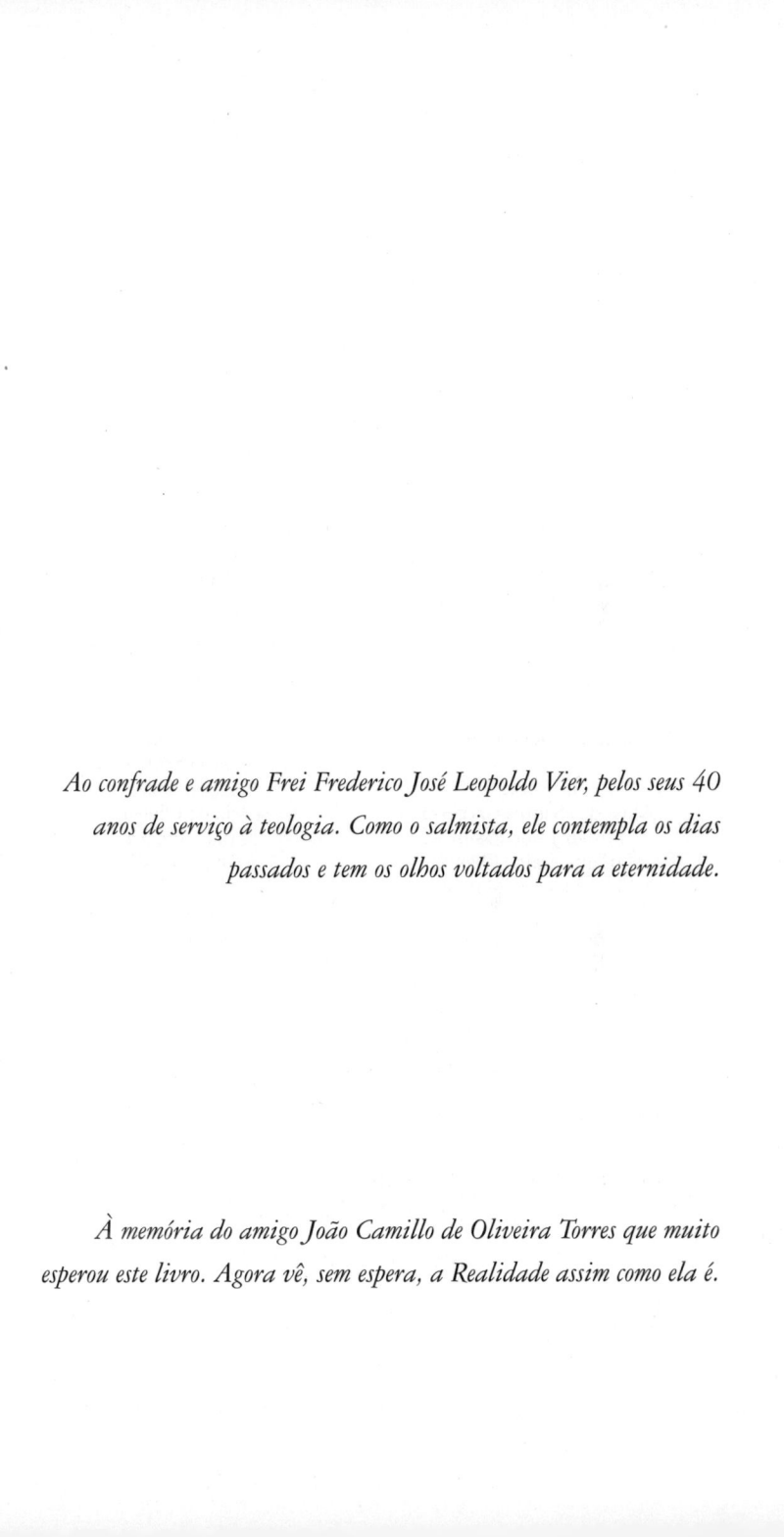

Ao confrade e amigo Frei Frederico José Leopoldo Vier, pelos seus 40 anos de serviço à teologia. Como o salmista, ele contempla os dias passados e tem os olhos voltados para a eternidade.

À memória do amigo João Camillo de Oliveira Torres que muito esperou este livro. Agora vê, sem espera, a Realidade assim como ela é.

Sumário

Introdução, 15

CAPÍTULO I
MORTE E JUÍZO, INFERNO, PURGATÓRIO E PARAÍSO: COMO SABEMOS?, 17

   1. Dando as razões de nossa esperança, 18
   2. O homem é um nó de pulsões e relações, 19
   3. O princípio-esperança, fonte de utopias, 22
   4. Fé como decisão radical para um sentido, 23
   5. No cristianismo a utopia se tornou topia, 25
   6. A religião da jovialidade: "Mesmo que Ele me mate, ainda assim espero nele", 28
   7. Escatologia: falar a partir do presente em função do futuro, 29
   8. Por que a terra, se o céu é que conta?, 31
   9. Por que o céu, se a terra é que conta?, 32
   10. Nem tanto ao céu nem tanto à terra: o céu começa na terra, 34

CAPÍTULO II
A MORTE, O LUGAR DO VERDADEIRO NASCIMENTO DO HOMEM, 41

   1. A morte como fim-plenitude da vida, 41
   2. As duas curvas existenciais, 42
   3. Que é afinal o homem?, 45

4. A morte como cisão e passagem, 46
5. A morte como o verdadeiro natal do homem, 48
6. A ressurreição como o toque final da hominização, 49
7. O homem ressuscita na morte e na consumação do mundo, 50
8. Como será o corpo ressuscitado?, 51
9. Conclusão: fim dos caminhos de Deus, o corpo, 52

CAPÍTULO III
DECISÃO FINAL E JUÍZO: NA MORTE, 55
1. A morte como crise radical, de-cisão e juízo, 55
2. E então cairão todas as máscaras..., 57
3. O juízo começa já em vida, 60
4. "Estai de sobreaviso e vigiai", 61

CAPÍTULO IV
PURGATÓRIO: PROCESSO DE PLENO AMADURECIMENTO DIANTE DE DEUS, 65
1. O processo de amadurecimento pleno do homem diante de Deus, 65
2. Para um purgatório do purgatório, 66
3. O purgatório, uma reflexão teológica a partir da Bíblia, 69
4. O purgatório como crise-acrisolamento na morte, 71
5. As felizes almas do purgatório, 73
6. As nossas orações pelos homens no estado de purgatório, 74
7. Já podemos antecipar aqui na terra o purgatório, 75

CAPÍTULO V
O CÉU: A ABSOLUTA REALIZAÇÃO HUMANA, 79

1. Por que propriamente céu?, 80
2. O céu é profundamente humano, 81
3. O céu como a pátria e o lar da identidade, 83
4. As imagens bíblicas do céu, 85
   a) *O céu como um banquete nupcial*, 85
   b) *O céu como visão beatífica*, 87
   c) *O céu como vida eterna*, 87
   d) *O céu como vitória*, 88
   e) *O céu como total reconciliação*, 90
5. Céu como Deus: tudo em todas as coisas, 91
6. A grandeza e a essência do mundo é ser ponte, 92
7. No céu veremos Deus assim como Ele é, 92
8. No céu seremos todos Cristo?, 93
9. Se o céu for descanso..., 94
10. O céu começa na terra, 96

CAPÍTULO VI
O INFERNO: A ABSOLUTA FRUSTRAÇÃO HUMANA, 98

1. O cristianismo como a religião do amor, do Deus que é homem, do homem novo e do futuro absoluto, 98
2. O cristianismo como uma religião que toma o homem absolutamente a sério, 100
3. O homem possui uma dignidade absoluta: de poder concorrer com Deus e dizer-lhe um não, 101
4. O homem relativo pode criar algo de absoluto, 101
5. O inferno existe, mas não é aquele dos diabinhos com chifres, 102
6. O que a Sagrada Escritura diz sobre o inferno, 103
   a) *O inferno como fogo inextinguível*, 104

b) *O inferno como choro e ranger de dentes*, 105

c) *O inferno como as trevas exteriores*, 105

d) *O inferno como cárcere*, 105

e) *O inferno como um verme que não morre*, 105

f) *O inferno como morte, segunda morte e condenação*, 106

g) *Valor destas imagens*, 106

7. O inferno como existência absurda, 106

8. É possível o homem criar-se um inferno e dizer não à felicidade?, 108

9. Podemos ir ao inferno só por causa de um pecado mortal?, 110

10. Conclusão: o realismo cristão, 111

CAPÍTULO VII
O ANTICRISTO ESTÁ NA HISTÓRIA, 114

1. "História bi-frons": Cristo e Anticristo, 114

2. O mistério da iniquidade: o Anticristo, 116

3. O Anticristo no Novo Testamento: "veio dos nossos, mas não era dos nossos", 119

4. O Anticristo está na história: vigiai!, 121

CAPÍTULO VIII
O FUTURO DO MUNDO: TOTAL CRISTIFICAÇÃO E DIVINIZAÇÃO, 124

1. O fim já presente no começo e no meio, 125

2. Qual é o futuro do cosmos?, 127

3. Um modelo antecipado do fim: Jesus Cristo ressuscitado, 129

4. Quando se alcançará a meta final?, 130

5. O que Cristo ensinou sobre o fim do mundo?, 132

6. Conclusão: o cristão é um permanente "paroquiano", 136

CAPÍTULO IX
COMO SERÁ O FIM: CATÁSTROFE OU PLENITUDE?, 140

1. O que é escatologia e o que é apocalíptica?, 140
2. O modelo de representação apocalíptico, 143
3. O modelo de representação teilhardiano, 145
4. Não sabemos nem como nem quando, 147
5. Futuro imanente do mundo técnico e futuro transcendente do mundo, 148
6. A vinda de Cristo como graça e juízo já está ocorrendo, 151

CAPÍTULO X
ENFIM VER-SE-Á: DEUS ESCREVEU DIREITO POR LINHAS TORTAS: O JUÍZO FINAL, 155

1. A comunhão de todos com tudo, 155
2. ...E aparecerá o plano de Deus, 158

CAPÍTULO XI
UMA ESPIRITUALIDADE ESCATOLÓGICA: SABOREAR DEUS NA FRAGILIDADE HUMANA E FESTEJÁ-LO NA CADUCIDADE DO MUNDO, 161

1. O já e o ainda-não: a festa e a contestação, 162
2. O *crux, ave, spes unica*, 165
3. Venha a nós o vosso Reino!, 167
4. A verdade não é o que é, mas o que ainda será, 168

APÊNDICE: TEXTOS E ESTUDOS, 171

I. Purgatório, 173

1. O Tratado do Purgatório de Santa Catarina de Gênova, 173
2. Que sentido têm ainda as indulgências?, 175

a) *Como surgiram as indulgências?*, 176

b) *Em que se baseia a doutrina das indulgências?*, 178

c) *Para uma redimensionalização da doutrina das indulgências*. 181

3. O reencarnacionismo e a doutrina atual acerca da escatologia, 188

a) *O homem possui ou é alma?*, 189

b) *A doutrina da reencarnação e o problema das desigualdades humanas*, 190

c) *A doutrina da reencarnação e o problema do mal no mundo*, 193

II. Céu, 197

1. A entrada no céu, 197
2. Que significa: Cristo subiu aos céus?, 198

a) *A ascensão foi visível ou invisível?*, 200

b) *Ascensão, esquema literário*, 202

c) *O que São Lucas quis dizer com a Ascensão?*, 204

III. Inferno, 209

1. Do inferno e do fogo eterno: consideração mística de F. Dostoievski, 209
2. O solidário e o solitário – o céu e o inferno, 211
3. Que significa: Cristo desceu aos infernos?, 212

a) *Cristo desceu aos infernos e não ao inferno*, 213

b) *Cristo assumiu a derradeira solidão da morte*, 214

c) *A verdade de uma afirmação mitológica*, 216

d) *A situação nova do mundo: Cristo no coração da terra*, 218

IV. Juízo universal, 221

O vaivém das coisas humanas e os ocultos juízos de Deus, 221

V. O futuro do universo, 224

1. O que o Novo Testamento ensina sobre o fim e a consumação do universo?, 224

a) *Impostação do problema*, 224
b) *Resumo da doutrina neotestamentária acerca da escatologia e perspectivas para a situação de Igreja*, 228
2. O fim da vida planetária: o encontro do homem que ascende com Deus que descende, 233
3. E Deus será tudo em todas as coisas, 236

Livros de Leonardo Boff, 239

Introdução
Para ler no fim

Era uma vez, diz a lenda, um homem que acreditava na terra dos justos e dos bons. Deve haver, nesse mundo de Deus, uma terra dos justos e dos bons! Por que não deveria haver? Nessa terra os homens bons e justos se amam como velhos amigos, se auxiliam como irmãos e se acolhem mutuamente como se fossem hóspedes que chegam cansados, sedentos e famintos, de longa viagem. Nessa terra tudo é belo e ridente, agradável e bom.

Essa era a terra que o homem queria sempre buscar e encontrar. Era pobre. Peregrinava aqui e acolá. De repente deu-se conta que estava velho e fatigado. Tão acabado que não lhe restava outra coisa senão deitar-se e morrer. Ainda assim cobrou ânimo, sorriu levemente e disse de si para consigo mesmo: "Bobagem! Eu aguento ainda! Espero um pouco mais e mais um pouco, me arranco desta vida e me largo para a terra dos justos e dos bons". A terra dos bons e dos justos era a sua única e grande alegria...

Aconteceu, porém, que naquelas bandas – pode ser tanto a Sibéria como o nosso sertão – apareceu um homem, considerado eminente sábio. Trouxe muitos livros, projetos, mapas e outras tantas coisas que fazem alguém ser considerado sábio.

O velho, com os olhos faiscantes de ansiedade, perguntou ao sábio: "Senhor, diga-me, por favor, onde está a terra dos justos e dos bons?"

O sábio nem olhou para ele. Mas pegou nos livros e nos mapas e começou a folheá-los, compulsá-los e examiná-los com o dedo nervoso. E concluiu:

"A terra dos bons e dos justos não existe! Os mapas são minuciosos e completos. Mas não indicam a terra dos justos e dos bons."

O velho perde o brilho de seus olhos de criança. Não quer, não pode acreditar. Retorna com leve esperança:

"Senhor, olhe mais uma vez! A terra dos justos e dos bons está lá, eu sei. Deve estar lá! Caso contrário seus livros são lendas e mentiras. Não valem uma telha quebrada!"

O sábio sentou-se ofendido. "Meus livros são todos científicos e meus mapas descritos com as técnicas mais avançadas, baseados nas fotografias feitas pelos satélites artificiais! A terra dos justos e dos bons não existe! É sonho de um velho caduco!"

O velho dos olhos parados se enfureceu sobremaneira.

"O quê? Eu vivi e vivi, esperei e esperei e acreditei numa terra dos bons e dos justos! E conforme seus mapas não existe nenhuma! Isso é sonho de um velho caduco! Isso é trapaça!" Voltou-se para o sábio e disse-lhe:

"Você, charlatão insolente e prestidigitador barato! Você não é nenhum sábio e sua ciência não passa de elaboração de uma cabeça tresloucada." E deu-lhe uma, duas, três pancadas na cabeça. Mais uma e novamente mais uma até sete. Depois foi para casa. Deitou-se na cama e disse: "Dessa vez entendi tudo. Vou para a terra dos bons e dos justos..." E morreu.

Capítulo I
Morte e juízo, inferno, purgatório e paraíso: como sabemos?

Podemos fazer afirmações válidas sobre o futuro sem sermos profetas de 31 de dezembro, de bom ou mau agouro? O cristianismo sustenta saber coisas bastante concretas sobre o amanhã do homem, da história e do cosmos. Talvez reside aqui o cerne de sua mensagem que é evangelho e boa notícia para todos: vence a vida sobre a morte, triunfa o sentido sobre o absurdo, superabunda a graça onde abundou o pecado; o homem não caminha para uma catástrofe biológica, chamada morte, mas para uma realização plena do corpo-espírito; o mundo não marcha para um fim dramático, dentro de uma convulsão cósmica, mas para a consecução de sua meta e global floração das sementes que nele estão germinando. Numa palavra: o cristianismo prenuncia o céu como a convergência realizadora de todas as pulsações humanas. Refere-se ao inferno como a absoluta frustração, criada pela liberdade do próprio homem. Promete a ressurreição dos mortos como radical patentealização dos dinamismos latentes na natureza humana. Assegura a transfiguração deste mundo material porque "os bons frutos da natureza e do nosso trabalho" jamais se perdem, mas "os encontraremos novamente, limpos contudo de toda a impureza, iluminados e transfigurados [...] quando o Senhor chegar" (*Gaudium et Spes*, 39/320).

1. Dando as razões de nossa esperança

O cristão crítico e o homem cético de hoje se perguntam: Donde tira o cristianismo sua sabedoria acerca das realidades tão decisivas para o destino humano? Precisamos ser realistas e não nos deixar iludir com utopias que podem representar mecanismos de fuga da realidade paradoxal e ambígua. Esta deve ser assumida e enfrentada tal qual é.

Já São Pedro encontrava cristãos que criticavam: "Onde está a promessa da vinda do Senhor? Por que, desde que morreram nossos pais, tudo permanece igual desde o princípio do mundo"? (2Pd 3,4). Para justificar a protelação da parusia (vinda) gloriosa e libertadora de Cristo, esperada para breve (1Pd 4,7), ele consola os cristãos consternados assegurando-lhes: "Diante de Deus um só dia é como mil anos e mil anos como um só dia. Deus não retarda a promessa como alguns creem" (2Pd 3,8-9). Embora esta resposta – convenhamos – não responda ao problema levantado, contudo recomendava darmos as razões de nossa esperança a todos que lhas pedem (2Pd 3,15). Então: donde sabe a fé cristã acerca dos fins derradeiros?

O apelo à Sagrada Escritura não será certamente uma resposta adequada e por si convincente. Embora contenha a Palavra de Deus, sabemos que ela é proferida somente dentro da palavra humana. A inspiração escriturística não eximiu os autores sagrados da condição humana comum que é também a nossa. Eles tanto quanto nós tatearam, especularam, teologizaram e deixaram-se orientar por uma vida de fé. Os múltiplos livros da Escritura são o testemunho exemplar da revelação que acontece permanentemente dentro do único livro da vida. A revelação não cai do céu. Ela se dá na história.

A história é vida vivida e refletida. Portanto, é vendo e vivendo a vida que podemos descobrir o futuro da vida. Mas o futuro é aquilo que ainda não é.

Podemos falar sobre o que ainda não é? Sim, podemos porque no homem e no mundo não há somente *ser*, mas também *poder* ser, possibilidades e abertura para um mais. Por isso as afirmações de futuro que fazemos não querem outra coisa do que explicitar, desentranhar e patentear o que está implícito, latente e dentro das possibilidades do homem.

O homem não é só passado e presente. Ele é principalmente futuro. É projeto, prospecção, distensão para o amanhã. O passado de hoje é formado pelo futuro de ontem. Daí, antes que o passado se tivesse tornado passado, ele foi futuro. Por isso que podemos com razão dizer: o homem não é um passado que vai ao encontro de um futuro. É um futuro que vai ao encontro de um passado. O futuro, o ainda-não e o amanhã fazem parte essencial do homem. O homem completo no termo de sua evolução ainda não nasceu. Estamos em processo e conquistando o futuro. Isso vale não somente dentro da estrutura de dominação do mundo pela técnica, futurição e planejamento, mas também para a natureza humana como tal. O homem ainda não atingiu seu ponto ômega que ele entrevê, latente e possível, dentro do vasto horizonte de suas virtualidades.

2. O homem é um nó de pulsões e relações

Essa intuição que A. de Saint-Exupéry testificou em várias de suas obras exprime exatamente a natureza do homem. Realmente o homem concreto é um nó de relações voltado para todas as direções, até para o Infinito. Já Aristóteles observava que o homem, pelo pensamento, é, de alguma forma, todas as coisas. Ele não está fixado neste ou naquele objeto, mas na totalidade dos objetos. Ele não se contenta com os entes. Quer o ser, fundamento de todos os entes. Por causa disso é um permanente desertor de tudo o que é limitado e um eterno protestante e contestador, em oposição ao animal. Este vive em sintonia e em constante sesta biológica com o mundo ao seu derredor; diz sempre sim. O homem é um eterno Fausto, *bestia cupidissima rerum novarum*, sempre a romper as articulações fixadas e os limites estanques.

Biologicamente é um ser-carência com nenhum instinto especializado. Não percebe o que lhe é vitalmente significativo. Tem que aprender tudo. Para sobreviver, precisa trabalhar e modificar o mundo circunstante. Assim surge a cultura que é o conjunto total das modificações que o homem fez sobre o mundo, transformando-o para garantir-lhe a subsistência biológica. Contudo, o homem não está satisfeito com nenhum modelo cultural. Contesta continuamente em nome de outros modelos e formas de convivência humana. Na dimensão espiritual verificamos a mesma abertura para o ainda-não feito e alcançado.

O homem é na verdade um espírito-no-mundo. Mas o mundo não esgota as capacidades que tem de conhecer, querer, sentir e amar. Pode pensar tudo. Sua possibilidade, porém, de conhecer continua ainda virgem, porque seu espírito se move no horizonte infinito do ser. O querer humano quer muito mais do que pode alcançar num ato concreto. Nenhum ato concreto esgota totalmente o dinamismo do querer. Embora os órgãos selecionem naturalmente os objetos sensíveis, há dentro do homem uma disponibilidade ilimitada de sentir. O amor experimenta a total entrega e união. Mas não consegue jamais realizar a eternidade que almeja. Ele pode sim dizer: eu te amo e sei que não podes morrer. Mas não consegue reter esse momento que se esvai. Só o amor eterno é o descanso do coração.

O homem pode ainda esperar, planejar e manipular o futuro. Mas nenhum futuro é o futuro absoluto onde desemboca e se aquieta seu dinamismo interior, quando se superaram todas as alienações entre homem e natureza, liberdade e história, ideia e fato.

O homem é projeção e tendência para um sempre mais, para a surpresa que está fora de sua previsão, para um Incógnito, para o *Novum*, para o Ainda-não. O melhor é sempre e apenas um esboço. A meta alcançada fica, continuamente, um meio para um objetivo mais alto. Estamos sempre na espera. Encontramo-nos permanentemente na pré-história de nós mesmos. Estamos ainda nascendo. Tudo é sempre promessa. O ponto de chegada é de novo ponto de partida. Daí é que tudo ainda se encontra em aberto. Por isso pode haver temor, ansiedade, insegurança, risco, coragem, ousadia e esperança.

Essas reflexões mostram que o homem vive num permanente excesso. Não possui o centro em si mesmo, mas fora dele numa transcendência. Vive sua vida como existência. É um ser assintótico sempre a caminho de si mesmo. Um dinamismo permanente pervade toda sua realidade, orientando-se para um futuro donde tira o sentido para o presente.

3. O princípio-esperança, fonte de utopias

A reflexão moderna denominou o insaciável dinamismo da vida humana de princípio-esperança. É um princípio e não uma virtude. É uma força que penetra todas as virtudes e faz com que elas se mantenham sempre abertas a um crescimento indefinido. É um dinamismo generalizado e não objetivável, que transcende cada ato e que não pode ser aprisionado por nenhuma articulação concreta. Dentro de cada um mora o *homo absconditus* do futuro.

Na realidade, o homem é uma abertura indefinida, presa nas estreitezas de uma concretização que não o exaure; é a tensão entre uma tendência absoluta e uma tendência inadequadamente realizada. Experimenta-se feito e continuamente por fazer. Essa experiência lhe dá a noção do novo, do sem fronteira, da latência e patência, do abscôndito e do re-velado, da promessa e do cumprimento, da antecipação e da realização plena.

A utopia desempenha uma função insubstituível dentro da história do homem. Pela utopia projetam-se no futuro todos os dinamismos e anseios humanos, totalmente depurados dos elementos limitatórios e ambíguos e plenamente realizados. A utopia não é simplesmente sinônimo de fantasia. A fantasia é uma das formas como se exprime a utopia e o princípio-esperança. A utopia manifesta a permanente ânsia de renovação, regeneração e aperfeiçoamento buscados pelo homem. A utopia não arranca do nada. Parte de uma experiência e anseio humanos. Conhecemos muitas utopias ao longo da história: *A república*, de Platão; a *Cidade de Deus*, de Santo Agostinho; a *Cidade do Sol*, de Campanela (1568-1639); a *Utopia*, de Santo Tomás Morus;

a *Cidade da eterna paz*, de Kant; o *Estado absoluto*, de Hegel; o *Paraíso do proletariado*, de Marx; o *Mundo totalmente amornado e planetizado*, de T. de Chardin; o *Admirável mundo novo*, de A. Huxley; a *Vulcânia*, de J. Verne; e o Reino de Deus da literatura apocalíptica e da pregação de Jesus Cristo.

Em todas elas verifica-se uma constante: tudo o que aliena o homem é vencido. Como diz o Apocalipse, não haverá mais dor, nem luto, nem grito, nem morte (Ap 21,4), nem se passará mais fome nem sede, nem a natureza fará mais mal (Ap 7,16). Mas haverá um novo céu e uma nova terra (Ap 21,5). O céu anunciado pela fé cristã situa-se no horizonte da compreensão utópica: é a absoluta e radical realização de tudo o que é verdadeiramente humano, dentro de Deus.

4. Fé como decisão radical para um sentido

Vai-se realizar um dia a utopia? Os dinamismos do coração humano, da inteligência, da vontade, do sentir, do esperar vão alguma vez encontrar o objeto de sua tendência? Poderá tornar-se totalmente patente o que experimentamos latente dentro do homem? Pode o homem chegar à total comunhão com todas as coisas e também com o Infinito? O nó de relações para todas as direções permanecerá indefinidamente buscando o polo centralizador de tudo ou irá chegar a uma unidade com a realidade total? Ou a situação do homem é a de Prometeu num eterno esperar sem alcançar?

Aqui há só duas posições possíveis: negar o sentido ou afirmá-lo. Ter fé é decifrar um sentido radical dentro da vida e crer que o homem tem um futuro absoluto como convergência das pulsões que o movem interior e exteriormente. Contudo, semelhante fé não resolve os absurdos existenciais que encontramos na história pessoal e coletiva: Por que existe a dor da criança inocente? Por que o bom sofre e é perseguido? Por que irrompe a morte dentro da carne jovem? Por que há no homem uma esquizofrenia constitucional que o dilacera interiormente e o cinde dos outros e de Deus?

Esses problemas constituem a permanente base experimental para a negação do sentido, para o gnosticismo, o ceticismo e o ateísmo. Por isso a fé, por mais radical que seja, pode ser sempre tentada. Se alguém porém optar pelo absurdo ou pelo sentido meramente imanente ao sistema fechado enquanto que a totalidade dos sistemas das funções é absurda, esse deverá se confrontar com o sentido experimentado pela vida, pelo trabalho, pelo amor, pela amizade, pelo sacrifício em favor de outros, pelo perdão e pela morte injusta aceita como reconciliação até com o carrasco. O ateísmo e o ceticismo vivem em permanente tentação com a fé e a explicitação do sentido. Se tudo é absurdo, por que se manifesta o sentido?

A fé tematiza o sentido encontrado na trama da existência. Denomina-o sem medo e invoca-o como Deus, Pai e Amor.

A fé por sua vez é tematizada pelas religiões em atitudes, doutrinas e ritos, porque a religião sempre tem a ver com o sentido de totalidade da realidade.

"Onde há religião, aí há esperança", dizia o maior estudioso do pensar utópico da atualidade, Ernst Bloch (*Das*

Prinzip Hoffnung, II, 404; *Atheismus im Christentum. Zur Religion des Exodus und des Reiches*, 23). Onde há religião, aí se articulam as esperanças fundamentais do coração humano pelo Amanhã, aí se pronunciam palavras de Salvação que não somente integram um passado, mas garantem um futuro, aí se instaura um Impulso que sempre contesta o presente em nome de uma utopia futura, que faz suportar a contradição na força de uma esperança em totalidade e que faz sonhar com novos céus e nova terra, com o homem novo reconciliado com a globalidade de suas relações. Todas as religiões constituem a matriz da esperança, porque nelas se colocam e se respondem as perguntas: Que será do homem? Que será do mundo? Como será o após-morte? A religião não tem a ver tanto com a história das origens quanto com aquilo que está para além da história. Ela pretende saber alguma coisa do futuro; articula-o dentro do presente e implanta esperança no coração inquieto. Se isso vale para toda religião, vale de modo particular para o cristianismo.

5. No cristianismo a utopia se tornou topia

De que fala, no fundo, o cristianismo? Onde está sua especificidade? O cristianismo dá um passo além das religiões e anuncia que o Sentido (Logos) não ficou di-fuso e pro-fuso nas coisas, apregoa que o absoluto Futuro, Deus, se aproximou de nossa existência e morou na carne humana, quente e mortal, e se chamou Jesus Cristo.

Ele pronunciou a palavra ainda não ouvida na história, mas para a qual todas as coisas se faziam ouvido: "O prazo da espera se completou. O Reino vem!" (Mc 1,14). Realmente. Diante dele a novidade acontece: pecados são perdoados, doentes são curados, tempestades são acalmadas, fomes são saciadas, espíritos imundos são exorcizados e a morte é vencida. O *homo revelatus*, Jesus mesmo, afinal emergiu. Nele se mostrou a benignidade e o amor humanitário de Deus (Tt 3,4). Por isso nele se revelou um viver que já era reconciliação com todos e com Deus. A morte não podia tragar tanta vida e tão grande amor. Sua ressurreição realizou a utopia: o homem acabou de nascer na total patência de sua realidade abscôndita. Daí é que ressurreição não deve ser interpretada como reanimação de um cadáver e uma volta à vida mortal, mas como a total e exaustiva realização das possibilidades latentes no homem, possibilidades de união íntima e hipostática com Deus, comunhão cósmica com todos os seres, superação de todos os liames e alienações que estigmatizam nossa existência terrestre no processo de gestação. O Novo Testamento, com razão, viu nele o "homem novo e o Adão escatológico" (Rm 5,12-19; 1Cor 15,44). Ele foi o primeiro a chegar àquilo que ainda ninguém chegara, nessa plenitude definitiva e insuperável, na pátria e no lar da identidade com Deus. Ele, por obra e graça de Deus, rompeu a barreira e ir-rompeu para o absolutamente realizador e divino.

Em Jesus Cristo ressuscitado se autocomunicou o absoluto Futuro. O Futuro absoluto nos veio ao encontro e começou a realizar a plenitude derradeira e definitiva. Jesus Cristo é o primeiro dentre muitos irmãos (Rm 8,29; 1Cor 15,20; Cl 1,18). Nele a utopia se tornou topia. O impossível ao homem, mas ansiado e buscado insaciavelmente, mostrou-se possível para Deus (cf. Mt 19,26; Lc

1,37; 18,27). O Futuro absoluto e misterioso, sem perder sua natureza futura, uniu a si o homem de tal forma que com ele fez uma história. Assim realizou absolutamente o homem em Deus. Quando afirmamos e cremos isso, cremos e afirmamos a fé na encarnação de Deus. O futuro de Jesus Cristo, feito presente dentro da história pela ressurreição, é o futuro da humanidade. Por isso, os cristãos o aclamamos como a comunidade primitiva: "Cristo é a nossa esperança" (Cl 1,27). Como dizia, magistralmente, Santo Agostinho: "Cristo realizou aquilo que para nós é ainda esperança. Não vemos o que esperamos. Mas somos o corpo daquela Cabeça na qual se concretizou aquilo que esperamos" (*Sermones* 157,3).

Essa era também a perspectiva vigorosa de todo o Antigo e Novo Testamento. O próprio paraíso, para os autores de Gênesis 2–3, não é uma situação que perdemos e da qual guardamos saudades. Forma o mundo novo para o qual estamos a caminho, na jovialidade da fidelidade divina. "O paraíso é como que a maqueta do mundo. É a planta da construção a ser realizada pelo empreiteiro que é o homem. É um projeto que desafia constantemente a fé e a coragem do homem. Está colocado no início da Bíblia, porque antes de alguém fazer qualquer coisa, deve saber o que quer, e deve elaborar um projeto viável a ser executado. A plena realização está antecipadamente expressa na descrição do paraíso, feita com imagens e símbolos, tirados das realidades do povo daquele tempo, para que sirva de orientação e de estímulo para o encaminhamento da ação humana. Por isso, pode-se dizer que o paraíso é uma profecia, projetada no passado" (MESTERS, Carlos. *Paraíso terrestre: saudade ou esperança?*, p. 47-48). E essa profecia promete para o homem: no Reino de Deus não haverá a dominação do marido sobre a esposa, nem haverá dores de parto, nem seca, nem trabalho alienador, nem a figadal inimizade entre o homem e os animais ferozes, nem mais a morte. Não haverá aí nada de amaldiçoado. A árvore da vida divina alimentará todas as nações (Ap 22,2-3). E será vida em toda a sua abundante liberalidade (Jo 10,10). Tudo será novo (Ap 21,5). Como dizia o inquieto Abelardo: "a meta é aquela comunidade onde se mata a saudade previamente ao seu surgir, onde o objeto de sua satisfação não é menor do que a própria saudade". O verdadeiro Gênesis não está no começo, mas no fim (BLOCH, Ernst. *Das Prinzip Hoffnung*. Vol. II, 1628). O Eclesiástico exprimia o mesmo pensamento quando ponderava: "Quando o homem tiver acabado, então estará no começo" (Eclo 18,6).

6. A religião da jovialidade: "Mesmo que Ele me mate, ainda assim espero nele"

Com a certeza da ressurreição entrou no mundo a jovialidade. Ser jovial é poder comemorar, dentro da ambiguidade da situação presente regressiva e progressiva, violenta e pacificadora, o triunfo da vida sobre a morte, e a vitória do sim sobre o não. Ser jovial é poder ver o Futuro fermentando dentro do presente e festejar sua antecipação na vida de Jesus Cristo. O mito de Sísifo não é mais verdadeiro. Um homem conseguiu rolar a pedra até o cume da montanha. Prometeu foi libertado. Agora podemos dizer: "ó morte, onde está a tua vitória? Ó morte, onde está o espantalho com o qual amedrontavas os homens? A morte foi tragada pela vitória!" (1Cor 15,55).

A certeza de que a utopia será topia confere um dinamismo novo ao processo que em sua tendência-latência aguarda seu verdadeiro gênesis. A vida fica destragificada. Não pode haver mais tragédia universal. Há só o drama da vida, onde se alternam, lutando, alienação e integração. Aqui reside a diferença capital entre a tragédia grega de um Sófocles, Eurípides ou Ésquilo, onde magistralmente se representa o beco sem saída da existência e o drama judeu-cristão do justo sofredor, onde, no limite extremo do absurdo, reluz ainda um raio de esperança. Jó podia dizer, quase nas vascas da morte: "Mesmo que Deus me mate, ainda assim espero nele" (13,15). Com isso se professa que em Deus está o futuro do homem. Tudo o que acontece, não acontece fora dele: vida e morte, bem e mal, violência e reconciliação.

A vida é dramática, mas não trágica, porque ela conhece uma saída, percebida nas sombras do presente. Na tragédia grega o homem se sente entregue à Moira, ao Fatum e ao Destino implacável que está acima dos próprios deuses especialmente acima da própria *Dike*, a Justiça.

Desde que Cristo ressuscitou, o sol atingiu seu zênite; a luz ilumina os recônditos mais escuros da casa da vida humana e deixa entrever, no que já é, aquilo que ainda-não-é, clamando para ser totalmente.

7. Escatologia: falar a partir do presente em função do futuro

Retomando a problemática colocada inicialmente: donde sabe a fé cristã acerca do futuro do homem e do mundo, do céu, do purgatório, do inferno, do juízo?, podemos responder: analisando a dinâmica imanente da vida humana descobrimos aí o princípio-esperança, a prospectiva e a tendência para o futuro.

O homem sonha com uma situação totalmente reconciliadora com todos os elementos e dimensões da realidade com o mundo, com o outro e com o Absoluto; almeja uma purificação radical de sua alienação e cissura existencial; experimenta a crise, a crítica e o julgamento sobre si mesmo e sobre a situação que o envolve; entrevê a possibilidade real de uma absoluta frustração, fruto da liberdade exercida de forma despersonalizadora. Ora radicalizando essas experiências, decantando-as de sua forma limitada e deficiente como se realizam aqui e projetando-as para o futuro no modo de plenitude e absoluta perfeição, eis o modo responsável como podemos falar do futuro.

Escatologia, como a formulava Rahner, não é uma reportagem antecipada de acontecimentos que irão acontecer no futuro, mas é a transposição no modo de plenitude daquilo que aqui vivemos no modo de deficiência. Portanto, céu e inferno, purgatório e juízo não são realidades que irão começar a partir da morte. Mas já agora podem ser vividas e experimentadas, embora de forma incompleta. Elas começam a existir aqui na terra, vão crescendo até que na morte se dá um desabrochar pleno: ou para a frustração para aquele que se orientou negativamente e fechou-se à luz do sentido, ou para a plena realização para aquele que se manteve permanentemente aberto a toda realidade, especialmente para Deus.

8. Por que a terra, se o céu é que conta?

Esta perspectiva se distancia da concepção popular dos fins derradeiros e também dos clássicos manuais de teologia dogmática. Aí não se tratava da esperança, mas efetivamente dos fins últimos do homem que começam quando acaba esta vida. Asseverava-se consequentemente que a verdadeira vida se realizava só no céu. Unicamente aí é que se instaurariam os verdadeiros valores. Afinal, por que a terra, se o céu é que conta?

Em vista disto, esta vida presente era considerada pejorativamente como o tempo da prova e da tentação. As pequenas e grandes alegrias da existência eram difamadas como perigosa *hybris* humana. Impunha-se a renúncia quase neurótica de tudo que viesse ao encontro dos anseios do coração humano. Com isso a religião assumiu, aqui e acolá, uma função castradora das alegrias de toda sorte, especialmente da vida sentimental. Em não poucos surgiu uma autoimagem negativa que por sua vez criava uma imagem ainda mais negativa de Deus. Deus, em muitos cristãos, era experimentado como um Ser que frustrava a ânsia de felicidade humana. Ele não era a liberdade do homem, mas o limite. A vida era esvaziada porque somente a outra era plena e digna deste nome.

Na teologia esta concepção se traduziu numa visão alienante do Reino de Deus. Este era pro-jetado e esperado somente no futuro. Abandonava-se tudo para aguardar o irromper, dos céus, da novidade salvífica de todas as coisas. Muitos movimentos carismáticos dentro e fora da Igreja, ontem e hoje, propugnam e propugnaram por esta radicalização escatológica. Especialmente as massas populares em tempos de miséria, cataclismos e guerras, seja no passado como os conhecidos movimentos dos valdenses, albigenses, hussitas, Joaquim de Fiore, Savonarola, bem como na história mais recente como o sebastianismo, os apocalípticos populares no sertão nordestino e no sul do Brasil, exprimiam-se numa linguagem de fuga do mundo e escapismo na construção da cidade terrestre.

A Igreja é assim esvaziada de seu conteúdo teológico enquanto presencializa e contém em si, embora imperfeitamente, a realidade definitiva do Reino de Deus. Ela é vista como o último degrau da escada de Jacó que leva a Deus em que está unicamente o descanso e a paz para os justos. Não se vê, contudo, a relação e a dinâmica que ligam Reino de Deus e Igreja. Nesta concepção, Igreja e Reino constituem realidades extrínsecas uma à outra. Só a Parusia inauguraria o Reino de Deus. Esta concepção de um Deus sem o mundo ajudou certamente a gerar nos tempos modernos a visão de um mundo sem Deus (Y. Congar).

9. Por que o céu, se a terra é que conta?

Uma corrente inversa à precedente e, geralmente, coexistindo paralelamente a ela, fez-se sempre notar. Não o céu conta, mas a terra. Nas palavras incomparáveis de Nietzsche: "Eu vos exconjuro, irmãos meus, permanecei fiéis à terra e não creiais naqueles que vos falam em esperanças supraterrenas! Consciente ou inconscientemente são uns envenenadores. São desprezadores da vida, moribundos e eles mesmos envenenados. A terra está cansada deles: que se vão de uma vez" (*Also sprach Zarathustra*, Vorrede 3). O Concílio Vaticano II fez a seguinte constatação: "Entre as formas do ateísmo hodierno não deve ser esquecida aquela que espera a libertação do homem, principalmente sua libertação econômica e social. Sustenta que a religião, por sua natureza, impede esta libertação, à medida que, estimulando a esperança do homem numa quimérica vida futura, o afastaria da construção da cidade terrestre" (*Gaudium et Spes*, 21/256).

Esta concepção que nega o céu em nome da terra deu origem certamente a um impulso criador e transformador da face deste mundo. Mas frustrou terrivelmente o homem. Este é uma transcendência viva por nada satisfeita, muito menos pelas realidades terrestres. A terra clama pelo céu, como por sua plenitude.

Na teologia esta perspectiva terrena desencadeou por sua vez um vasto processo de eclesialização do Reino de Deus e de institucionalização da esperança cristã. O Reino de Deus é a própria Igreja na terra, dizia-se. Os sacramentos encarnam as forças do futuro e instauram a parusia presente. Os Padres Lactâncio, Eusébio, Cesário de Arles e outros viram no surgimento do Império cristão sob Constantino o aparecer da plenitude dos tempos. O Reino de Deus é pensado na linha da criação: ele vai-se formando, lentamente, ao longo da história. Com Cristo, com a Igreja e com o Sacro Império recebeu sua forma cabal. Criticar a Igreja e rebelar-se contra atos do Sacro Império é pecado contra Deus e o seu Reino.

A identificação da Igreja com o Reino de Deus foi levada a tal extremo que o conhecido teólogo Fulgêncio, numa inaudita ousadia de querer saber os juízos de Deus, formulou a seguinte regra: "Guarde com fé firme e inabalável que não somente os pagãos senão também todos os judeus, todos os hereges e cismáticos que morrerem fora da Igreja Católica irão para o fogo eterno, preparado para o diabo com todos os seus anjos" (*De fide*, regula 35: PL 65, 704).

Os opostos se tocam: se antes um Deus sem o mundo ajudou a gerar um mundo sem Deus, agora, uma demasiada ligação Deus-mundo-Igreja deu azo a que novamente se negasse Deus. Ele não se presta a ser manipulado à medida dos interesses humanos, eclesiásticos ou profanos. Como Absoluto, Ele constitui a permanente crise de todos os projetos históricos.

10. Nem tanto ao céu nem tanto à terra: o céu começa na terra

A escatologia bem compreendida nos diz que devemos dar nem tanto ao céu nem tanto à terra, porque o céu começa na terra. O Reino de Deus não é o mundo totalmente outro, mas totalmente novo. Se fosse totalmente outro, como nos poderia dizer respeito? Que continuidade guardaria com a nossa vida presente? Deus, porém, tem o poder de fazer o velho novo. Os fins derradeiros constituem a potencialização plena daquilo que foi crescendo dentro desta vida. Por isso, o Concílio Vaticano II podia enfatizar: "A Igreja ensina que a esperança escatológica não diminui a importância das tarefas terrestres, mas antes apoia o seu cumprimento com motivos novos" (*Gaudium et Spes*, 21/259). Severo se mostra o mesmo Concílio num outro tópico: "Afastam-se da verdade os que, sabendo não termos aqui cidade permanente, mas buscamos a futura (Hb 13,14), julgam, por conseguinte, poderem negligenciar os seus deveres terrestres sem perceberem que estão mais obrigados a cumpri-los, por causa da própria fé" (*Gaudium et Spes*, 43/333).

É verdade que a teologia clássica, da qual somos herdeiros, assimilou o horizonte de compreensão da filosofia grega. Para ela o mundo verdadeiro era o outro mundo, o sobrenatural. Esse mundo daqui de baixo era o lugar da ambiguidade e da mera natureza. A alma ansiava se libertar finalmente da matéria para, livre, poder se realizar na esfera espiritual de Deus.

A mentalidade bíblica está muito mais próxima da compreensão antropológica moderna. Era na terra e na carne que o homem louvava e se alegrava com Deus. Toda a perspectiva do Antigo Testamento é profundamente terrena. A maioria esquece que somente no judaísmo tardio, especialmente na literatura sapiencial, sob a influência da compreensão grega do ser, apareceram as primeiras especulações acerca do outro mundo e do destino dos falecidos. O judeu via a morte como algo de natural e decorrente da própria vida. O destino futuro permaneceu por séculos um enigma aberto. Mas nem por isso deixavam de louvar a Deus e de morrer por fidelidade à sua revelação.

Mais tarde surgiu o gênero literário do apocalipse. Os apocalípticos, como Daniel no Antigo e São João no Novo Testamento, falavam a partir do futuro em função do presente. Era um artifício literário que usavam; descreviam um futuro feliz para consolar os fiéis no presente e confortá-los nas perseguições. A apocalíptica deve ser claramente distinta da escatologia: esta fala do presente em função do futuro; aquela fala do futuro em função do presente. A apocalíptica é um gênero literário como a poesia, a carta etc.; a escatologia é uma reflexão teológica que pode ser expressa sob muitos gêneros literários, inclusive o apocalíptico, como ocorre no Novo Testamento. A escatologia afirma que há uma continuidade entre essa vida temporal e a vida eterna, não nos *modos* que variam, mas na substância.

A felicidade que na terra gozamos, o bem que fazemos e as alegrias que saboreamos no dia a dia da existência são já vivência do céu, embora sob forma ambígua e deficiente. As dores que suportamos podem significar o processo purificador que nos faz crescer e abrir mais e mais para Deus e podem antecipar o purgatório. O fechamento sobre si mesmo e a exclusão dos outros podem nos dar a experiência do inferno que aqui o mau e o egoísta vão criando para si e que na morte recebe caráter definitivo e pleno. O cristão, pois, sabe de seus fins derradeiros porque sabe da vida, cheia de dinamismos e ricas possibilidades. Sabe da suma felicidade para os homens bons e para o cosmos porque viu a utopia realizada em Jesus Cristo. Pela fé sente-se inserido nesse novo ser e *milieu divin*.

Se o homem é um nó de indefinidas relações para todas as direções e se ele aqui na terra não pode realizar todas, mas tão somente algumas, haverá uma situação em que ele poderá atualizar todas elas? Poderá ele chegar a uma plenitude para a qual todo seu ser vibra? É o que veremos no próximo capítulo.

Referências

ALTHAUS, P. *Die letzten Dinge* – Lehrbuch der Eschatologie. Gutersloh: [s.e.], 1965.

ARNS, E.P. *De esperança em esperança*. São Paulo: [s.e.], 1971.

BALTHASAR, H.U. "Eschatologie", die Theologie der letzten Dinge". In: REINISCH, L. *Theologie heute*. Munique: [s.e.], 1959.

_____. "Eschatologie". *Fragen der Theologie heute*. Einsiedeln: [s.e.], 1958, p. 403-421.

BETTENCOURT, E. *A vida que começa com a morte*. Rio de Janeiro: Agir, 1955.

BETZ, O. *Die Eschatologie in der Glaubensunterweisung*. Würzburg: [s.e.], 1965.

BLOCH, E. *Atheismus im Christentum* – Zur Religion des Exodus und des Reiches. Frankfurt: [s.e.], 1968.

_____. *Das Prinzip Hoffnung*. 2 vols. Frankfurt: [s.e.], 1955.

BOFF, L. *A ressurreição de Cristo, a nossa ressurreição na morte*. Petrópolis: Vozes, 1972.

_____. *Jesus Cristo libertador*. Petrópolis: Vozes, 1972.

_____. *O destino do homem e do mundo*. Introdução à teologia da vocação. Rio de Janeiro: [s.e.], 1972.

BOROS, L. *Nós somos futuro*. São Paulo: Loyola, 1971.

_____. *Erlöstes Dasein*. Mainz: [s.e.], 1966.

_____. *Mysterium mortis* – Der Mensch in der letzten Entscheidung. Ölten: [s.e.], 1962.

BRUNNER, E. *Das Ewige als Zukunft und Gegenwart*. Hamburgo/Munique: [s.e.], 1965.

BULTMANN, R. *Geschichte und Eschatologie*. Tübingen: [s.e.], 1953.

CAMILLERI, N. *I Novissimi e la comunione dei santi*. Brescia: [s.e.], 1961.

CABOCEVILLA, J.M. 32 *de Diciembre*. La muerte y después de la muerte. Madri: BAC 288,1969.

COMBLIN, J. *A maior esperança*. Petrópolis: Vozes: 1971.

CONCILIUM Jan. *A escatologia, perspectiva cheia de esperança da vida cristã*, jan./1969 [todo o número].

_____. *A esperança*, nov./1969 [todo o número].

DUQUOC, Ch. "Eschatologie et réalités terrestres". *Lumière et Vie* 50, p. 4-28.

DUPUY, B.D. Les fins de destinée humaine – Bibliographie organisée. *La Vie Spirituelle* 107 (1962/II), p. 561-580.

FREITAS, M.C. *Dialética e dinamismo da esperança cristã*. Petrópolis: Vozes, 1968.

GALOT, J. Eschatologie. *Dictionnaire de Spiritualité* 4, p. 1.020-1.059.

GABAS, R. *Escatologia protestante en la actualidad*. Vitória: [s.e.], 1964.

GASNIER, M. *Regards sur la vie future*. Mulhouse: [s.e.], 1964.

GARRIGOU-LA GRANGE, R. *O homem e a eternidade*. Lisboa: [s.e.], 1959.

GLEASON, R.W. *The world to come*. Nova York: [s.e.], 1958.

GUARDINI, R. *Die letzten Dinge des Menschen*. Würzburg: [s.e.], 1949.

HENGSTENBERG, H.E. *Der Leib und die letzten Dinge*. Ratisbona: [s.e.], 1955.

JASPERS, K. et al. *Die Hoffnungen unserer Zeit*. Munique: [s.e.], 1963.

KLOPPENBURG, B. A Comunhão eclesial depois da morte. *REB* 31, 1971, p. 333-346.

KNÖRZER, W. *Reich Gottes* – Traum, Hoffnung, Wirklichkeit. Stuttgart: [s.e.], 1969.

LAURENTIN, R. *Nouvelles dimensions de l'Espérance*. Paris: [s.e.], 1972.

LUMEN VITAE 18. *Eschatologie et catechèse*, 1963 [todo o número].

LUMIERE ET VIE. *La fin du monde estelle pour demain?*, set./1953.

MESTERS, C. *Paraíso terrestre:* saudade ou esperança? Petrópolis: Vozes, 1971.

MOLTMANN, J. *Teologia da esperança*. São Paulo: [s.e.], 1971.

MOSER, G. *Die Botschaft von der Vollendung*. Düsseldorf: [s.e.], 1963.

MÜLLER-GOLDKUHLE, P. "As diferentes acentuações do pensamento escatológico através da história". *Concilium*, jan./1969, p. 21-36.

NIGG, W. *Das ewige Reich* – Geschichte einer Hoffnung. Munique: [s.e.], 1967.

PIOLANTI, A. *L'al di là*. Torino: [s.e.], 1957.

POZO, C. *Teologia del más allá*. Madri: BAC, 282,1968.

RAHNER, K. "Eschatologie". *Sacramentam mundi*, vol. I. Freiburg: [s.e.], 1967, p. 1.183-1.192.

_____. "Fragmente aus einer theologischen Besinnung auf den Begriff der Zukunft". *Schriften*, vol. VIII. Einsiedeln: [s.e.], 1967, p. 555-560.

_____. "Theologische Prinzipien der Hermeneutik eschatologischer Aussagen". *Schriften zur Theologie*, vol. IV Einsiedeln: [s.e.], 1967, p. 401-428.

_____. "Das Leben der Toten". *Schriften*, vol. IV. Einsiedeln: [s.e.], 1961, p. 429-437.

RAST, T. "Die Eschatologie in der Theologie des 20. Jahrhunderts". *Bilanz der Theologie im 20. Jahrhundert*. Freiburg: [s.e.], 1970, p. 294-315.

RONDET, H. *Fins do homem e fim do mundo*. São Paulo: [s.e.], 1965.

SAGUES, J. "De novissimis seu de Deo consummatore". *Sacrae Theologiae Summa*, vol. IV. Madri: [s.e.], 1962, p. 825-1.030.

SAUTER, G. *Erwartung und Erfahrung*. Munique: [s.e.], 1972.

_____. *Zukunft und Verheissung* – Das Problem der Zukunft in der gegenwärtigen theologischen und philosophischen Diskussion. Zurique/Stuttgart: [s.e.], 1965.

SCHMAUS, M. Il problema escatológico dei cristianesimo. In: *Problemi e orientamenti di teologia dommatica*, II. Milão: [s.e.], 1957, p. 925-974.

_____. *Von den letzten Dingen*. Ratisbona/Münster: [s.e.], 1948.

SCHILLEBEECKX, E. Algumas reflexões acerca da interpretação escatológica. *Concilium* (jan.) 1969, p. 21-36.

TROISFONTAINES, R. *J'entre dans la vie*. Paris: [s.e.], 1963.

VV.AA., *The Background of the New Testament and its Eschatology*. Cambridge: Cambridge University Press, 1956 [Studies in honour of C.H. Dodd].

WINKLHOFER, A. et al. *Le Christ devant nous* – Etudes sur l'eschatologie chrétienne. Tournai: [s.e.], 1968.

_____. *Das Kommen seines Reiches* – Von den letzten Dingen. Frankfurt: [s.e.], 1959.

Capítulo II
A morte, o lugar do verdadeiro nascimento do homem

O homem é um nó de relações e dinamismos sem limite, voltados para todas as direções, clamando para uma realização plena e por um desabrochar num derradeiro sentido. Na situação terrestre só pode concretizar algumas das possibilidades dentre as ilimitadas que se ocultam no seio de seu ser. E concluíamos nossa última reflexão com a angustiante pergunta: Haverá uma situação na qual o homem será totalmente ele mesmo como potencialização do princípio-esperança que nele vibra e como patentealização plena da latência humana? Poderá o *homo absconditus* finalmente emergir como *homo revelatus?*

A fé cristã, professando um otimismo invencível, proclamará: sim! Descortina-se dentro da vida humana uma chance única na qual o homem, pela primeira vez, nasce totalmente ou acaba de nascer: na morte.

1. A morte como fim-plenitude da vida

Essa resposta pode parecer a muitos profundamente frustradora. Isso porque a morte é entendida como o fim da vida. Ela confisca para si toda a positividade: rompe o modo de nossa ligação com o mundo, corta-nos dos entes queridos e cinde-nos do corpo que amamos. Ela é dolorosa e triste como um fim de festa ou como o derradeiro aceno de um encontro. Quão diversa não seria nossa dor se chegássemos a compreender que fim não precisa significar negatividade, mas positividade! Como, por exemplo, quando um estudante, triunfante, diz: atingi, enfim, meu fim. Formei-me médico! Ou quando a mulher grávida, entre angústia e esperança, segura o filhinho recém-nascido e murmura: enfim atingi meu fim: sou mãe!

A morte é sim o fim da vida. Mas fim entendido como meta alcançada, plenitude almejada e lugar do verdadeiro nascimento. A união interrompida pelo desenlace não faz mais que preludiar uma comunhão mais íntima e mais total.

A morte como fim-fim é verdadeira. Ela marca uma ruptura de um processo. Cria uma cisão entre o tempo e a eternidade. Mas ela cobre um aspecto apenas do homem e da morte: o biológico e o temporal. O homem é mais do que o Bios, porque é mais que um animal. É mais do que o tempo porque ele suspira pela eternidade do amor e da vida. O homem é pessoa e interioridade. Para esse a morte não é um fim-fim, mas um fim-plenitude e um fim-meta alcançada. Vejamos como.

2. As duas curvas existenciais

O homem nasce, cresce, desenvolve-se, madura, envelhece e morre. Inicia sua vida com um enorme potencial dinâmico, que, porém, se desgasta à medida que vai envelhecendo. É a curva biológica, caracterizada por uma perda progressiva e irreversível de material energético. Já a criança é suficientemente velha para morrer. A morte não vem de fora ou no final da vida biológica. Ela coincide com a vida. O homem vai morrendo em prestações. Cada segundo e cada momento representam vida desgastada. A vida do homem é vida mortal ou morte vital. A vida por sua vez tende a manter-se na sobrevivência. Afirma constantemente o eu biológico. Não obstante isso, vê-se continuamente despojada do *ter* até um ponto onde ela se esvazia de energia vital. Então o homem acaba de morrer. É a curva biológica do homem exterior.

Contudo, o homem não se esgota nesta determinação. Antes pelo contrário: nele há uma outra curva de vida, a pessoal. Esta está sob o signo inverso da precedente: inicia pequena como um gérmen e vai crescendo indefinidamente. O homem começa a crescer interiormente: desabrocha a inteligência, perfila a vontade, rasga horizontes, abre o coração para o encontro com o tu e com o mundo. Se a curva biológica se centra sobre si mesma de forma egoísta (defende-se contra doenças, luta pela vida), a curva pessoal e do homem interior se abre na comunhão e na doação de si mesmo. E descentrando-se de si mesmo, indo ao encontro dos outros que vai construindo sua personalidade. Quanto mais tem a capacidade de estar-nos-outros, tanto mais está-em-si-mesmo, se torna personalidade e cresce nele o homem interior. A primeira parábola biológica vai sucessivamente decrescendo até acabar de morrer. A segunda parábola pessoal pode crescer indefinidamente até acabar de nascer.

Para esse crescimento todas as situações podem servir de trampolim: as crises que o acrisolam e purificam, fazendo-o mergulhar de forma mais profunda no mistério da vida, os fracassos profissionais assumidos e lidos como uma lição para a vida, os desastres morais, onde experimenta a fragilidade da condição humana que desmascara as falsas seguranças e os inconfessáveis farisaísmos, as doenças que vão corroendo o homem por dentro: tudo isso pode corroborar para o homem ir criando um núcleo pessoal interior, sua verdadeira identidade. Nesse sentido não importa muito o que o homem fez ou foi, se um religioso-padre, se um jornalista, se um pedreiro, se um empresário bem-sucedido e milionário. O importante reside nisso: se nestas situações ele conseguiu mergulhar no mistério da vida, se logrou construir um eu e uma pessoa responsável perfilada no desafio da situação. Pode até ter tido uma vida gasta e perdida econômica e culturalmente. Mas se dentro disso logrou a imersão no definitivamente importante e deixou emergir aquilo que nem a traça nem o caruncho podem corroer: nele nasceu a verdadeira vida humana, sentido da vida biológica, que não pode sucumbir ao bafejo mortal da morte.

A vida biológica foi-se consumindo dia a dia, mas dentro dela foi-se moldando um outro tipo de vida, a da pessoa e a da interioridade consciente que não se consome com a vida biológica. Antes pelo contrário: tende a desenvolver-se mais e mais, a abrir-se para horizontes cada vez mais abertos. São Paulo o intuiu bem quando disse: "Ainda que o homem exterior se esteja destruindo, nosso homem interior se renova de dia para dia" (2Cor 4,16).

No homem dá-se mais ou menos como na evolução cósmica. Existe a extensão quase infinita da matéria. Por outro lado, na medida em que se estende, ela se concentra sobre si mesma mais e mais. Há uma interiorização da matéria que chamamos vida. E há uma interiorização da vida que denominamos consciência. Quanto mais se estreita a aspiral ascendente da evolução, mais ela se concentra sobre si mesma. E quanto mais se concentra, mais se interioriza e se torna consciente. E quanto mais se torna consciente, mais também se abre para novas dimensões, se desvela para outros horizontes e se polariza para um Infinito e Absoluto. Tanto no cosmos como no homem deparamos com a mesma ou semelhante estrutura.

3. Que é afinal o homem?

O homem concreto que somos cada um de nós, já o dissemos e aqui o repetimos, é a unidade tensa e dialética das duas curvas existenciais, da biológica e da pessoal. Por um lado se centra sobre si mesmo, agarrando-se à vida biológica. Por outro se des-centra de si mesmo e busca um tu e o encontro com as diferentes realidades. Sob um ponto de vista é uma abertura total e sob outro uma abertura definitivamente realizada. É um dinamismo incontido de possibilidades e a realização precária de algumas apenas. A tradição filosófica do Ocidente chamou a essa situação humana de corpo e alma. O homem é um composto de corpo e alma. Com isso não se quer dizer que no homem existam duas coisas, corpo mais a alma, que unidos dão origem ao homem. Corpo é o homem todo inteiro (com corpo + alma) enquanto é limitado, preso às estreitezas da situação terrestre. Alma é o homem todo inteiro (corpo + alma) enquanto se dimensiona para o Infinito, enquanto é um tropismo insaciável para uma realização plena. O homem concreto é a unidade difícil e tensa destas duas polaridades. O corpo não é algo no homem e do homem. Mas é o homem todo inteiro como modo de aceder ao mundo e de estar-no-mundo. Como dizia um filósofo: "É o conjunto jerarquizado das condições concretas, mercê das quais eu percebo e me realizo" (TROISFONTAINES, 1960). O corpo é o modo como o espírito vive no mundo, encarnado na matéria.

Embora sinta o corpo como o *meu* corpo, percebo também que não sou totalmente idêntico com meu corpo. Não me sinto nem totalmente distinto nem totalmente identificado com ele. Sou mais que meu corpo, porque posso me relacionar para além do corpo. Mas o corpo é um momento de minha essência. Por isso não existe espírito desencarnado. Pertence à essência do espírito humano relacionar-se com o mundo. Estar-no-mundo não é um acidente do homem. Mas o estar-em-seu-elemento. O homem é a melhor floração do mundo e por isso ele jamais pode negar suas raízes terrenas, mesmo que as transcenda. É por ele que o mundo chega à meta e irrompe na consciência de si mesmo. Portanto, pertence essencialmente ao homem e ao homem-espírito sua vinculação com o mundo. Mesmo que ele um dia tenha que deixar esse pedaço do mundo que é seu corpo, nem com isso se desenraíza da mãe-terra.

4. A morte como cisão e passagem

Dentro de tal compreensão do homem, que significa então a morte? Os que definiam a morte como separação da alma do corpo restringem-na somente à dimensão biológica do homem: é só o corpo que morre; a alma fica intacta, pois é imortal. Mas aqui se denota uma indigência antropológica muito grande, porque a morte não afeta o homem todo. Existe alma desencarnada da matéria e do mundo? Consideramos acima que o homem é uma unidade plural de espírito e mundo (corpo). O espírito é sempre encarnado. O corpo é sempre espiritualizado. Caso contrário não seria corpo humano. A morte não pode, pois, ser qualificada como separação entre alma e corpo, porque não há nada a separar.

Corpo e alma não são *coisas* paralelas, passíveis de separação, embora possam e devam ser distinguidas. A morte, dentro do estatuto antropológico que enunciávamos acima, é uma cisão entre um tipo de corporalidade limitado, biológico, restrito a um pedaço do mundo, isto é, ao nosso "corpo" e outro tipo de corporalidade em relação à matéria ilimitado, aberto, pancósmico que corresponde ao novo modo de ser em que entra o homem após a morte, a eternidade. Morte é a cisão entre o modo de ser temporal e o modo de ser eterno no qual o homem entra. Pela morte o homem-alma não perde sua corporalidade. Esta lhe é essencial. Não deixa o mundo. Penetra-o de forma mais radical e universal. Não se relacionará com apenas alguns objetos, como quando perambulava no mundo dentro das coordenadas espaçotemporais. Mas com a totalidade do cosmos, dos espaços e tempos.

A morte é, como alhures já escrevíamos, semelhante ao nascimento. Ao nascer, a criança abandona a matriz nutridora que, aos poucos, ao cabo de nove meses, fora se tornando sufocante e esgotava as possibilidades de vida intrauterina. Passa por uma violenta crise: é apertada, empurrada de todos os lados, e por fim ejetada no mundo. Ela não sabe que a espera um mundo mais vasto que o ventre materno, cheio de largos horizontes e de ilimitadas possibilidades de comunicação. Ao morrer o homem passa por semelhante crise: enfraquece, vai perdendo o ar, agoniza e é como que arrancado deste mundo. Mal sabe que vai irromper num mundo muito mais vasto que aquele que acaba de deixar e que sua capacidade de relacionamento se estenderá ao Infinito. A placenta do recém-nascido na morte não é mais constituída pelos estreitos limites do homem-corpo, mas pela globalidade do universo total.

5. A morte como o verdadeiro natal do homem

Se a morte significa um aperfeiçoamento antropológico no sentido de redimensionalizar o homem às dimensões de toda a realidade e não somente à sua situação de estar-no-mundo, então podemos dizer: a morte é o *vere dies natalis* do homem. É aqui que se dá a situação, pela qual perguntávamos antes, onde ao homem é concedida a possibilidade de ser totalmente ele, na plenitude dos dinamismos, escondidos dentro de seu ser. O nó-de-relações para todas as direções pode agora atuar livremente, porque caíram, na morte, todas as limitações de nosso ser biológico-no-mundo. Na passagem deste tempo para a eternidade, *na morte*, pois (nem antes nem depois), nessa concentração intensíssima do tempo, o homem chega totalmente a si mesmo. A inteligência que na terra é devorada por uma sede insaciável de ver e conhecer, mas que se sente sempre limitada, atingindo apenas a superfície das coisas, agora pode celebrar o inebriamento de sua luz plena, desvencilhada de qualquer obstáculo. Tudo está aí, visto a partir de seu cerne, na patência do coração das coisas e do cosmos. A vontade impulsionada por um dinamismo indomável, mas sempre experimentando-se obstaculizada e condicionada, agora desperta para a sua verdadeira autenticidade: pode viver a bondade radical e o amor que fecunda toda a realidade. A relação com o mundo não é mais sentida como obscura e mediatizada pelo corpo carnal.

O corpo, na morte, não é sentido mais como uma barreira que nos separa dos outros e de Deus, mas como radical expressão de nossa comunhão com as coisas e com a globalidade do cosmos. O pleno desenvolvimento do homem interior agora não conhece mais limites; ele iniciou germinalmente; pôde florescer; agora desabrocha na primavera que jamais tramonta. "Morrendo – dizia Franklin – acabamos de nascer."

Por isso, seria maldição para o homem viver eternamente esta vida biológica. Não morrer é para ele, como o sabia já Epicteto, o que é para a espiga: jamais amadurecer, jamais ser segada para ser o trigo de Deus.

6. A ressurreição como o toque final da hominização

Ressurreição, na intelecção cristã, não é a revivificação de um cadáver, mas a exaustiva realização das capacidades do homem corpo-alma. Como dizia um conhecido teólogo húngaro, L. Boros: "Pela ressurreição tudo se tornará então imediato para o homem: o amor se desabrocha na pessoa, a ciência se torna visão, o conhecimento transforma-se em sensação, a inteligência se faz audição. Desaparecem as barreiras do espaço: a pessoa humana existirá imediatamente onde estiver seu amor, seu desejo e sua felicidade.

No Cristo ressuscitado tudo se tornou imediato, isto é, desapareceram todas as barreiras terrenas. Ele penetrou na infinitude da vida, do espaço, do tempo, da força e da luz" (*Concilium* 10, 1970, 1217). A ressurreição exprime, pois, o termo final do processo de hominização, iniciado nos primórdios escuros da evolução ascendente e convergente. Ela é a realização da utopia humana e a afloração do homem revelado, latente no princípio-esperança.

7. O homem ressuscita na morte e na consumação do mundo

Se a morte é o momento de total redimensionalização das possibilidades contidas na natureza humana, então nada de mais natural do que afirmar que é exatamente aí que se realiza a ressurreição. A morte significa o fim do mundo para a pessoa. Pela morte se entra num modo de ser que abole as coordenadas do tempo. Só a partir deste ponto de vista se pode já dizer que não se concebe afirmar qualquer tipo de "espera" de uma suposta ressurreição no final cronológico dos tempos. Isso é uma representação antropomórfica, inadequada àquele modo de existir. Por isso que nas teologias paulina e joaneia a ressurreição é apresentada como um dado que já está crescendo dentro do homem. A morte lhe confere plenitude, porque o mesmo Espírito que ressuscitou Jesus dará também vida aos nossos corpos mortais (1Cor 6,14). Contudo, essa ressurreição na morte não é totalmente plena: só o homem no seu núcleo pessoal participa da glorificação. O homem, porém, possui uma ligação essencial com o cosmos. Enquanto este não for também plenificado e não tiver atingido sua meta de glorificação, podemos dizer que o homem ainda não ressuscitou totalmente. Só então o mundo será sua verdadeira pátria do aconchego e do encontro na imediatez de um ao outro.

8. Como será o corpo ressuscitado?

Esta pergunta já Paulo se colocava (1Cor 15,35). Em sequência de nossas reflexões devemos dizer que o *eu pessoal* (que sempre inclui relação com o mundo) será ressuscitado e transfigurado. Na morte cada qual ganhará o corpo que merece; ele será a perfeita expressão da interioridade humana, sem as estreitezas que envolvem nosso presente corpo carnal. O corpo glorioso terá as qualidades do homem-espírito que são de universalidade e ubiquidade. Já Aristóteles observava que pelo espírito somos de alguma forma todas as coisas. O corpo transfigurado será em plenitude aquilo que em sua expressão temporal já realiza em deficiência: comunhão, presença, relacionamento com todo o universo ("o nosso corpo se estende até às estrelas"). Portanto, a ressurreição manterá a identidade pessoal de nosso corpo. Mas não sua identidade material, que varia de sete em sete anos. Se se conservasse a mesma identidade material, como seria então o corpo de um feto que morreu no terceiro mês de gestação ou do ancião ou de um excepcional? A ressurreição conferirá a cada qual a expressão corporal própria e adequada à estrutura do homem interior.

9. Conclusão: fim dos caminhos de Deus, o corpo

Até aqui refletimos quase que exclusivamente o aspecto positivo da morte como desdobramento total do *homo absconditus*. Isso o fizemos para configurar-nos melhor o evento pessoal e não apenas biológico da morte.

Contudo, há uma morte que não é florescência e transfiguração. É a segunda morte para aqueles que se encaramujaram sobre si mesmos e se negaram à abertura para a luz. A morte é então desdobramento definitivo e pleno das tendências más que o homem alimentou e deixou grassar em sua vida. Como transparece: a morte implica não só uma cisão entre o tempo e a eternidade, mas também uma de-cisão radical e definitiva para a realização plenificadora ou para a absoluta frustração humana.

No termo da vida terrestre o homem deixa atrás de si um cadáver. É como o casulo que possibilitou o emergir radiante da crisálida e da borboleta, agora livre no horizonte infinito de Deus. A que está destinado o homem? A fé cristã responde com extrema jovialidade: para a vida ressuscitada do homem corpo-espírito. O fim dos caminhos de Deus é a carne jovem em comunhão íntima com Ele, com os outros e com todo o cosmos.

Quanto mais se aproximava da morte, tanto mais Mozart, o músico genial de quem Karl Barth dizia ter ouvido e escrito a música celestial, vivia a jovialidade da morte como fim-plenitude. Essa jovialidade da morte se transmitiu nas suas últimas produções como no *Casamento de Fígaro* (1786), *Cosi fan tutte* (1790), *A flauta mágica* (1791) e o *Requiem*, ocasião na qual a irmã morte o visitou. Foi nessa época que escreveu a seu pai: "A morte é o verdadeiro fim-meta (Endzweck) de nossa vida. Por isso, já há anos, estabeleci uma amizade tão profunda com esse verdadeiro e excelente amigo que sua imagem não possui para mim nada que possa me amedrontar. Antes pelo contrário: ela é reconfortante e consoladora" (apud WEBER, A. *Weltgeschichte.* Stuttgart, 1966, p. 896).

Mas antes de chegar a sua culminância antropológica, o homem passa por uma derradeira e inadiável crise. Crise que é juízo, decisão e acrisolamento. É o que veremos no próximo capítulo.

Referências

BOFF, L. *A ressurreição de Cristo, a nossa ressurreição na morte.* Petrópolis: Vozes, 1972.

BORDONI, M. *Dimensioni antropologiche della morte.* Roma: [s.e.], 1969.

BOROS, L. *Mysterium Mortis.* Ölten: [s.e.], 1962.

CAMILLERI, N. "Lo spirito e la materia nell'uomo dalla morte alia risurrezione." *Doctor, Communis.* 1971, p. 223-234.

DIAKONIA 3. *Sterben heute,* 1972 [todo o número].

GLEASON, R. "Toward a Theology of Death". *Thought. Fordham University Quarterly* 32 (1957), p. 39-68.

GONZALEZ-RUIZ, J.M. "A caminho de uma desmitologixação da alma separada". *Concilium,* jan. 1969, p. 73-85.

JENKÉLÉVITCH, V. *La mort.* Paris: [s.e.], 1966.

LEPP, I. *La mort et ses mystères.* Paris: [s.e.], 1966.

MARTELKT, R. *Victoire aur la mort* – Elements d'anthropologie chrétienne. Paris: [s.e.], 1962.

PEÑA, J.R. de la. *El hombre y su muerte* – Antropologia teológica actual. Burgos: E. Aldecoa, 1971.

RAHNER, K. *Zur Theologie des Todes* (Quaestiones Disputatae 2). Freiburg, 1958.

SCHOONENBERG, P. "Creio na vida eterna". *Concilium*, jan. 1969, p. 86-99.

SALOMÃO, J. *A estética da morte.* São Paulo: [s.e.], 1964.

SCHILLEBEECKX, "E. Leven ondanks de dood in heden en toekomst" (Vida apesar da morte no presente e no futuro). *Tijdschrift voor Theologie* 10,1970, p.418-452.

TROISFONTAINES, R. *Je ne meurs pas...* Paris: [s.e.], 1960.

VOLK, H. *Das christliche Verständnis des Todes.* Münster: [s.e.], 1957.

Capítulo III
Decisão final e juízo: na morte

A morte se apresenta como a situação por excelência privilegiada da vida, na qual o homem irrompe numa inteira maturação espiritual, onde a inteligência, a vontade, a sensibilidade e a liberdade podem, pela primeira vez, ser exercidas em sua plena espontaneidade, sem os condicionamentos exteriores e as limitações inerentes à nossa situação-no-mundo. Só agora se dá, também pela primeira vez, a possibilidade de uma decisão totalmente livre que exprima o homem todo inteiro diante de Deus, dos outros e do cosmos.

1. A morte como crise radical, de-cisão e juízo

Por sua de-cisão, feita no momento da cisão entre o tempo e a eternidade, o homem determina para sempre seu destino. Até aí, em vida, ele vivia na ambiguidade inevitável da condição humana: nele existe o bem e o mal, paixões contraditórias de que o próprio São Paulo testemunhava: "não faço o bem que quero, mas o mal que não quero" (Rm 7,19). Condicionamentos de toda a ordem, hereditários, psicológicos, familiares, educacionais, frustrações, ignorância, falta de uma experiência profunda do que seja Deus, sua graça, Jesus Cristo, o valor sacramental de sua Igreja, quem sabe, sentimentos de rejeição por parte dos entes queridos ou dos colegas de convivência. Tudo isso limitava e mediatizava suas decisões livres. Nenhuma delas, por si, podia implicar uma eternidade feliz ou infeliz.

Por outro lado, ninguém é empurrado para o céu ou enxotado para o inferno, por ter o primeiro nascido no Ocidente cristão e no seio da Igreja, e o segundo em ambiente pagão e sob ideologias ateias; por alguém ter experimentado o que signifique amar e ser amado, sentir-se perdoado e aceito por Deus e o outro nem sequer ter ouvido palavras de promessa e acenos de esperança para as utopias do coração.

O destino eterno do homem depende de uma decisão tão radical, que exige também eternidade e definitividade. Todo homem tem em sua vida uma chance, onde ele pode ser totalmente ele mesmo: na morte, como o temos já considerado anteriormente. Não só o homem adulto que gozou bem ou mal de sua vida e que conheceu a Deus e a sua comunicação em Jesus Cristo. Todo homem um dia se encontrará face a face com Deus e com o Ressuscitado, mesmo que em sua existência nem sequer lhes tenha ouvido os nomes. Num momento a todos é oferecida a chance de serem cristãos, de optarem por Deus e por Cristo. Isso vale não somente para os pagãos, mas também para os débeis mentais que jamais chegaram ao limiar da consciência e da liberdade. Também para os milhões e milhões que morrem antes de nascerem, seja por motivos naturais, seja pelo sem-número de abortos que acontecem no mundo inteiro. Também às vítimas da sociedade técnica moderna com suas mortes imprevistas, repentinas, que num átimo de tempo truncam bruscamente a vida, sem deixar qualquer momento de preparação.

Pode-se afirmar que, com a morte biológica, acidental e impessoal, decide-se a sorte eterna? Se assim fora, o destino eterno estaria entregue à sorte fortuita do acaso. Escandalosa seria a justiça de Deus. Como tornar definitiva e irrevogável a vida pecaminosa de um homem, que no seu fundo jamais decisiva e terminantemente rejeitou a Deus?

Deus não prepara emboscadas ao homem, deixando-o morrer miseravelmente, para vingar-se dos ultrajes a Ele perpetrados. É dogma da fé cristã que Deus dá a todos em concreto a condição suficientemente graciosa para se poderem salvar. Isso não exclui as crianças sem o batismo, que somam a grande porção da humanidade. A ineficácia da hipótese de Santo Agostinho acerca do limbo se torna palpável e, por isso, parece, também teologicamente supérflua.

Se, contudo, considerarmos a morte, não no seu estatuto biológico, mas como evento pessoal de desdobramento completo para aquilo que o homem na vida se abriu e tentou realizar, e concebermos a morte como atualização plena dos dinamismos inscritos por Deus dentro da natureza humana, então tudo ganha uma nova perspectiva: *na morte* (no momento da passagem do tempo para a eternidade) o homem é colocado diante de uma radical decisão.

De-cisão significa em grego *Krisis*, crise, juízo, ruptura.

2. E então cairão todas as máscaras...

Na morte o homem entra na crise mais decisiva de toda sua vida. Tem que decidir-se. Até aqui, ele podia protelar, manter-se no claro-escuro das meias medidas. Agora, chegou ao termo do processo biológico. O homem exterior desmorona para deixar emergir cristalina ou negramente o homem interior que foi nascendo. É colocado na situação privilegiada de quem acaba de nascer com a nascividade e o vigor matinal de todas as suas potências. Num momento, vê-se a si mesmo, o que foi e não foi. E vendo-se o homem se autojulga e assume a situação que lhe corresponde. Cada fibra de sua vida transluz; as dobras de sua história pessoal se tornam transparentes. Ele se tem nas mãos como jamais antes.

Seu consciente mergulha no mais recôndito de seu inconsciente pessoal e coletivo. Perceberá sua profunda solidariedade com o cosmos, com a vida e com as pessoas. Descobrirá as verdadeiras dimensões do bem e do mal que conscientemente tiver feito: ele não afeta somente o eu consciente, mas se alastra e contamina a todos, seja como uma epidemia, seja como uma bênção.

Com a intuição penetrante da inteligência banhada pela graça de Deus depara-se com a proximidade do mistério de Deus que o pervade até a raiz do ser. Encontra-se com o Cristo cósmico ressuscitado que plenifica a criação e sente seu gesto amoroso e salvador. O homem vê seu mistério e o mistério do Absoluto. Agora caem todas as máscaras que encobriam nossa real autenticidade. Desfazem-se as ideologias justificadoras de nossas atividades e de nosso projeto fundamental de vida. A segunda natureza que o pecado pôde eventualmente ter criado em nós até nos deixar com a consciência tranquila, nesse momento, revela sua falsidade fundamental.

Aqui a consciência errônea se revelará como errônea. Não basta a boa vontade, nem é suficiente o apelo à consciência. Nunca fazemos tão perfeitamente o mal quando o fazemos na boa vontade e na ilusão de seguirmos os ditames do coração. Se não formos críticos em vida, o juízo divino obrigar-nos-á a sê-lo. Tudo vem à luz: o caluniador verá a verdade. O cego que jamais se questionou, mas que agiu sempre como se ele tivesse sempre razão, em nome de pretensa defesa da fé e dos valores tradicionais, verá então a luz. Patentear-se-á seu esclerosamento voluntário, sua dureza de coração, sua má vontade em compreender os outros, seu farisaísmo pelo qual se instaurava como medida de fé, de ortodoxia, de fidelidade ao Espírito, de cristianismo para os outros. Enfim o homem detecta com a clarividência da luz divina sua fidelidade ou infidelidade às raízes essenciais da vida: ao amor humanitário ao outro, ao necessitado e marginalizado com quem Cristo se identificou (cf. Mt 25,31-46). Como diz São Tiago: "A crise será sem misericórdia para com aquele que não usou de misericórdia. A misericórdia triunfa sobre a crise" (2,13). Terrível é cair nas mãos do Deus vivo (Hb 10,31), pois ao pecador espera uma crise terrível (Hb 10,27). Quem crê, porém, já agora "tem a vida eterna e não passará pela crise; mas será transportado da morte para a vida" (Jo 5,24).

Nesse momento de total desmascaramento do homem diante de si mesmo pode dar-se também uma total conversão. Ainda uma vez lhe é oferecida a chance e ele pode decidir-se para a abertura total de si ao Absoluto e à totalidade da realidade criada. Podemos com certeza dizer: nesse momento céu e terra, Deus e seus santos, a Igreja e o corpo místico de Cristo estão aí presentes com sua luz e intercessão. Não para eximirem o homem de se decidir. Mas para que ele, na espontaneidade de sua pessoa, defina-se para Deus.

Ele estará, por um lado, numa absoluta decisão: tudo depende dele; por outro, sente-se secundado pelo céu e pela terra que suplicam e oram por um desfecho feliz da crise. É por esta decisão que a criação atinge seu fim ou se frustra. Para esse momento caminhou toda a história e ascendeu penosamente a evolução consciente: para que através do homem ela mergulhe no insondável mistério de Deus.

3. O juízo começa já em vida

Já em vida é dado ao homem, aqui e acolá, viver a situação de crise-juízo. Sempre que tem que se decidir e não pode protelar sua ação, percebe um engajamento que o envolve de todo e lhe traça os marcos da caminhada futura. Outras vezes uma história de pecado e de infidelidades, que se tornara já "natural", sem o clamor da consciência abafada culposamente, é desmascarada por outros ou por uma situação crítica que o surpreendeu e lhe destruiu o horizonte das evidências existenciais. Então o homem cai em si e se descobre na imediatez de sua alienação. Julga-se a si mesmo. Entra numa crise tão violenta que o pode não só destruir moralmente, mas até fisicamente.

Há pessoas que em tais situações não se julgam dignas da vida e se suicidam. Há porém outras que assumem semelhante crise como acrisolamento. Deixam que ela aja como um crisol purificador. Soerguem-se convertidos. Sentem-se re-nascidos. Ora, o juízo final na morte é a potencialização em forma de plenitude da experiência do juízo e da crise que já nesta vida podemos vivenciar. Nesse juízo crítico e catártico o homem chega à sua idade adulta. Até o pequeno fetozinho que morreu e que não teve nenhum ato concreto pelo qual possa se responsabilizar diante de Deus, pela de-cisão que tomar, tornar-se-á adulto e maduro para entrar na eternidade. Nada sabemos de como será sua decisão. Cremos, contudo, que o será para Deus. Porque é para Ele que nascemos. E só nos afastamos dele por própria culpa. E dessa a criança inocente está pessoalmente livre. O pecado original que a estigmatiza ser-lhe-á perdoado pela decisão amorosa que tiver assumido diante de Deus.

Em todo caso àqueles em quem Deus Pai descobrir os traços de seu próprio Filho e nosso Irmão Jesus serão proferidas as palavras de infinita bondade: "Vinde, benditos [...] entrai no mundo que vos foi preparado desde a criação do mundo" (cf. Mt 25,34).

4. "Estai de sobreaviso e vigiai"

A alguns poderia parecer que semelhante interpretação do juízo vem bagatelizar as decisões tomadas durante a vida. A decisão derradeira como a verdadeiramente útil para a salvação, possibilitando uma conversão *in extremis*, não esvaziaria o esforço de conversão ao longo da vida terrena? Contando com tal possibilidade, o homem alienado e pecador poderia ir protelando até à morte sua vida des-encaminhada da *diritta via*. Para responder a isso devemos refletir nos seguintes passos:

Afirmamos que o juízo na morte não é um balanço matemático sobre a vida passada, onde aparece diante de Deus o saldo e o débito, o passivo e o ativo. Mas possui uma dimensão própria de uma derradeira e plena determinação do homem diante de Deus, com a possibilidade de uma conversão para o pecador. Se assim é, então devemos também afirmar que o momento da morte está intimamente ligado com o passado do homem. As decisões tomadas ao longo da vida pesam na decisão final, porque elas foram dando uma orientação ao homem-espírito, criaram-lhe hábitos (uma segunda natureza). A decisão na hora da morte não é uma decisão inicial, mas uma decisão final: nela se compendia e se exprime, naquele derradeiro ato, toda a história das decisões tomadas anteriormente.

A decisão final é a floração daquilo que o homem semeou e deixou crescer na vida. As opções parciais são uma preparação e educação para a decisão derradeira.

Entretanto, tornamos a insistir: como ao longo da existência o homem podia tomar outro rumo e converter-se, essa chance não lhe é tirada na morte. Antes pelo contrário: lhe é devolvida de forma plena como derradeira chance. Portanto, não se pode pensar a decisão final em relação às decisões parciais na vida em termos de oposição, mas em termos de culminância e plenificação. Normalmente será assim que o homem, na morte, se abre ou se fecha totalmente para aquilo que em vida se abriu ou se fechou. Por isso as advertências de Cristo de vigilância (Mc 13,33; Mt 24,42; 25,13; 26,41; Lc 12,35; 21,36; 22,46) e os conselhos maternos da Igreja, para que estejamos sempre preparados, conservam sua permanente vigência.

Ao longo da vida o homem vai plasmando também sua morte, seja como fim-plenitude seja como fim-fim e segunda morte. As admoestações evangélicas de vigilância não devem ser interpretadas exclusiva e primeiramente como incerteza diante do momento da morte, sublinhando seu caráter fatalístico, casual e imprevisto. Elas querem antes criar em nós a prontidão permanente para o encontro de amor com o Senhor que veio e que virá. Os atos de amor, embora deficientes, possuem um caráter preparatório e nos educam para a expressão plena de nossa liberdade, no momento onde isso se torna, pela primeira vez, possível, na morte.

Concluindo, podemos asseverar: os fins derradeiros não são puro futuro. O juízo já o estamos vivendo, embora em forma incipiente e imperfeita, sempre que nos decidimos e passamos por situações-de-crise. Se crermos, isto é, se nos abrirmos para o horizonte infinito de Deus, temos a promessa de que seremos no futuro poupados do juízo negativo e da crise frustradora (cf. 1Ts 1,10).

Referências

BETTENCOURT, E. *A vida que começa com a morte*. Rio de Janeiro: Agir, 1955, p. 45-55.

BETZ, O. Das Gericht. In: *Die Eschatologie in der Glaubensunterweisung*. Würzburg: [s.e.], 1956, p. 206-216.

BORDONI, M. *Dimensioni antropologiche della morte*. Roma: Herder, 1969, p. 85-119.

BOROS, L. *A nous l'avenir*. Paris/Tournai: Desclée, 1971, p. 169-170.

_____. *Erlöstes Dasein*. Mainz: [s.e.], 1966, p. 95-97.

_____. *Mysterium mortis* – Der Mensch in der letzten Entscheidung. Ölten: [s.e.], 1962.

GARBORIAU, F. *Interview sur la mort avec Karl Rahner.* Paris: [s.e.], 1967.

GARRIGOU-LAGRANGE, R. *O homem e a eternidade*. Lisboa: Aster, 1959, p. 90-102.

GEORGE, A. "O juízo de Deus – Esboço de interpretação de um tema escatológico". *Concilium*, jan./1969, p. 9-20.

GLEASON, R.W. *The World to come*. Nova York: Sheed and Ward, 1958, p. 84ss.

GLORIEUX, P. "In hora mortis". *Mélanges des Sciences Religieuses* 6, 1949, p. 185-216.

_____. Fieri est factum esse. *Divus Thomas* (Pi) 41,1938, p. 254-278.

_____. Endurcissement final et grâces dernières. *Nouvelle Revue Théologique* 59,1932, p. 865-892.

NEUNHEUSER, P.B. *El Juicio final. Muerte y Vida* – Las Ultimidades. Madri: [s.e.], 1962, p. 145-162 [org. por T. Bogler de Maria Laach].

O'CONNEL, M.J. The mystery of death: a recent contribution. *Theological Studies* 27,1966, p. 434-442.

POZO, C. *Teologia del más allá*. Madrid: BAC 282, 1968, p. 218-223; 238-240.

RAHNER, K. "Gericht". *Lexikon für Theologie und Kirche* IV, p. 735.

SCHEFFCZYK, L. "Das besondere Gericht im Lichte der gegenwärtigen Diskussion". *Scholastik* 32,1957, p. 526-541.

SCHMAUS, M. *Von den letzten Dingen*. Ratisbona/Münster: [s.e.], 1948, p. 397-440.

WINKLHOFER, A. "Um die These der Endentscheidung. Heutiger Stand der Auseinandersetzung". *Theologie und Glaube* 11,1968, p. 20-26.

Capítulo IV
Purgatório: processo de pleno amadurecimento diante de Deus

A morte é a passagem do homem para a eternidade. Nela o homem acaba de nascer totalmente e, se for para o bem, se chamará de céu como plenitude divina e humana no amor, na amizade, no encontro e na participação de Deus. Toda a vida humana é um tender, um caminhar e educar-se para isso: um processo de amadurecimento pessoal que, na morte, deve desabrochar totalmente. Isso vale para todos os homens, pagãos ou cristãos, crianças ou adultos.

Biologicamente o homem vai definhando; pessoalmente deve, em ordem inversa, crescer e madurar até irromper na esfera divina.

1. O processo de amadurecimento pleno do homem diante de Deus

Entretanto – e aqui reside a fatalidade da condição humana –, o homem só pode realizar de forma aproximativa semelhante tarefa. Há graus e graus no processo de integração pessoal e de desenvolvimento da personalidade. O homem se experimenta alienado e dividido em si mesmo. São relativamente poucos os homens como o bom Papa João, Charles de Foucauld, Ghandi ou C.G. Jung, no presente; ou como um Dom Bosco, um São Francisco de Sales, um São Boaventura ou um São Francisco de Assis, no passado, entre outros tantos santos e místicos conhecidos e desconhecidos que realizaram de forma exemplar e epocal um amadurecimento interior e lograram os píncaros de perfeição humano-divina. A maioria dos homens chega ao termo da vida, não como uma estátua pronta, mas como um torso inacabado. Raros são como um Moisés ou uma Pietà de Miguel Ângelo. A maior parte não passa de esboços, como os milhares de Goya ou a Pietà do mesmo Miguel Ângelo no Museu Sforzesco de Milão.

Que acontece com o homem quando chega ao final de sua vida e deve entrar na esfera do absoluto, perfeito e santo, sendo ele pecador e imperfeito? Com Deus ninguém convive se não for totalmente de Deus. É aqui que reside o lugar teológico do purgatório. O homem imaturo carece de madureza, o pecador da santidade divina.

O purgatório significa a graciosa possibilidade que Deus concede ao homem de poder e dever na morte madurar radicalmente. O purgatório é esse processo doloroso, como todos os processos de ascensão e educação, no qual o homem, na morte, atualiza todas as suas possibilidades, purifica-se de todas as pregas que a alienação pecaminosa foi estigmatizando a vida, pela história do pecado e suas consequências (mesmo após seu perdão) e pelos mecanismos dos maus hábitos adquiridos ao longo da vida.

2. Para um purgatório do purgatório

Antes de abordarmos teologicamente o tema do purgatório, convém, como dizia o Pe. Congar, proceder a um purgatório do purgatório (*Que savons-nous du Purgatoire?*, 1966, p 76). Como acerca do inferno, também sobre o purgatório a tradição homilética e popular acumulou representações absurdas (inclusive filosóficas), indignas da esperança libertadora do cristianismo. Apresentou-se o purgatório não como uma graça concedida por Deus ao homem para se purificar em vista do futuro com Deus, mas como um castigo e uma vingança divina em vista do passado do homem. Afigurou-se o purgatório não como uma antessala do céu, mas como um pré-inferno, a ponto de um teólogo argentino, J. Rosanas, citando os *Salmanticenses* (célebre manual de dogmática jesuítica do séc. XVII), sustentar, em 1949, que há almas no purgatório padecendo uma pena de sentido mais atroz que aquela que certos condenados no inferno padecem por um ou dois pecados mortais (*El Purgatorio*, p. 96).

Não se acentuou a alegria dos que se sentem, no purgatório, já salvos, mas as dores de quem vive numa sala de torturas cósmicas, onde há compartimentos com frio glacial, outro de estanho ou metal em fusão, outro à moda de um lago de óleo fervente.

Esse mesmo teólogo, como outros tantos, defendia polemicamente a tese seguinte: "o fogo do purgatório é *corporal*, mas a dor causada pelo fogo é espiritual. Este fogo se chama *verdadeiro*, porquanto, é algo que existe na realidade e não só na apreensão das almas. É corpóreo, enquanto é algo material, seja sólido, líquido ou rarefeito" (p. 79).

O próprio Tomás de Aquino afirmava "que o purgatório está ligado ao inferno, de tal forma que o mesmo fogo a uns tortura e a outros acrisola" (IV Dist. 21, q.l a.l sol.2).

Uns afirmam que os anjos visitam as almas sofredoras enquanto outros sustentam que os demônios, com permissão de Deus, as infernizam com toda a sorte de castigos (cf. fartos exemplos em BARTMANN, B. *Das Fegfeuer*, 1934, p. 113-127).

Aqui se mesclam asneiras teológicas com outras filosóficas, confundindo as ordens do tempo com as da eternidade, como se a eternidade fosse um tempo mais aperfeiçoado com matéria espaçotemporal. Nem referiremos as especulações acerca do *lugar* do purgatório, que Suárez, teólogo-mestre jesuíta, julgava como verdade certa e de fé (Disp. 45, s.1, n.3).

O Pe. Congar conta que, em Roma, havia até um museu que recolhia os sinais deixados em paredes ou em tapetes por almas do purgatório aparecidas, dando conta a místicos e a devotos (certamente de psicologia abalada) acerca dos tormentos do purgatório. Parece, contudo, que o extinto Santo Ofício, num momento de lucidez, ordenou o fechamento de semelhante museu de estórias macabras. Nisso, aliás, seguia as determinações do Concílio de Trento que, ao referir-se ao purgatório, mantém uma moderação, violada perfuntoriamente pelos teólogos e escritores espirituais posteriores. Aí se diz:

{...} existe um purgatório, e as almas aí detidas são aliviadas pelos sufrágios dos fiéis e pelo santo Sacrifício do altar. Eis por que o santo Concílio prescreve aos bispos tomar cuidado para que a verdadeira doutrina do purgatório, recebida dos santos Padres e dos santos Concílios, seja zelosamente pregada em toda parte, e que os cristãos sejam instruídos sobre ela, aceitando-a e crendo-a {...} Proíbam como escandaloso e ofensivo para os fiéis tudo o que se refere à pura curiosidade {...} (DS 983).

Como se vê, aqui nada se fala de fogo e de outras torturas. Mas apela-se para a comunhão dos santos.

3. O purgatório, uma reflexão teológica a partir da Bíblia

A base bíblica do purgatório foi na história um permanente ponto de disputa entre católicos e protestantes. Convém fazer uma reflexão de ordem hermenêutica: em vão buscamos uma passagem bíblica que fale formalmente do purgatório. Disso não se segue que não haja qualquer fundamento bíblico. Nosso acesso à Escritura não é como um ateu também o pode fazer, utilizando apenas os métodos da filologia e da historiografia. Os textos devem ser lidos e relidos na atmosfera em que foram escritos: dentro das coordenadas religiosas e de fé que eles refletem.

A tendência que os textos atinentes sugere é que Deus quer que nos lembremos e rezemos pelos mortos. Que embora invisíveis, eles não estão ausentes. Que formamos uma só grande família de vivos, uns na peregrinação, outros na pátria, todos louvando a Deus. A teologia irá usar outra linguagem e dirá: existe o corpo místico de Cristo e a comunhão dos santos. É exatamente isso que nos ensina o texto mais lúcido em 2Mc 12,39-46:

Ao sepultar soldados caídos em batalha, Judas Macabeu (160 a.C.) encontrou debaixo de suas túnicas pequenos ídolos que eles traziam como amuletos, o que era proibido pela Lei. Então "mandou fazer uma coleta em que recolheu a quantia de duas mil dracmas. Enviou-a a Jerusalém para ser empregada num sacrifício expiatório. Bela e nobre ação, inspirada pela lembrança da ressurreição! Pois, se não acreditasse que esses soldados mortos ressuscitariam, teria sido coisa supérflua e ridícula orar por defuntos. Além disso, considerava que está reservada uma bela recompensa àqueles que adormecem na piedade. Eis por que ele fez esse sacrifício expiatório pelos mortos, a fim de que fossem libertados de seus pecados".

O texto não faz qualquer alusão ao purgatório, mas formalmente se refere à ressurreição dos mortos. Contudo, testemunha a solidariedade entre vivos e mortos e a responsabilidade daqueles por estes, podendo oferecer sacrifícios em vista de sua ressurreição futura.

Esse mesmo espírito de comunhão com os falecidos notamos em 1Cor 15,29: o fazer-se batizar pelos falecidos que não puderam ser batizados.

Os textos sinóticos de Mt 5,25.26; 12,31-32; Lc 12,59: "Tu não sairás do cárcere antes de pagar toda a dívida", encontram-se num contexto de parábolas. Visam a um caráter mais geral e global do que o purgatório: antes de vermos o Senhor, devemos nos purificar até o fim.

O texto de 1Cor 3,11-15 não fala diretamente do purgatório. Ocorre, sim, a temática do fogo. O sentido é que mesmo os fiéis menos fervorosos poderão se salvar. Contudo, têm que passar por uma prova, como se prova a consistência do ouro, da prata, das pedras preciosas, da madeira, do feno e da palha, fazendo-os passar pelo fogo. Quem suporta o fogo e não é consumido por ele, esse se salvará. O fogo, aqui, possui caráter puramente figurativo. Eis o texto na íntegra:

"Ninguém pode colocar outro fundamento senão o que está colocado, Jesus Cristo. Se alguém constrói sobre este fundamento ser-vindo-se de ouro, prata, pedras preciosas, madeira, feno, palha, a obra de cada um aparecerá claramente. Com efeito, o dia do Senhor a dará a conhecer, pois se revelará no fogo. E o fogo provará a qualidade da obra de cada um. Se a obra construída subsistir, o operário receberá uma recompensa. Se porém a obra de alguém for consumida, o operário perderá sua recompensa. Ele, contudo, será salvo, mas como que através do fogo".

Paulo, em vez de purgatório, prefere falar em processo de crescimento na perfeição que ele mesmo "persegue correndo, sem tê-la ainda alcançado" (Fl 3,12-16). Outra vez escreve que "tem a esperança de que Deus, que começou a obra boa, também a complete até o dia de Jesus Cristo" (Fl 1,6) que é o dia da grande crise. Ele chama essa perfeição de "madureza do varão perfeito" e de "medida plena da idade de Cristo" (Ef 4,13).

É a partir de tais textos, refletindo teologicamente, que podemos falar de forma responsável sobre o purgatório como o processo de amadurecimento cabal a que o homem deve chegar para poder participar de Deus e de Jesus Cristo.

4. O purgatório como crise-acrisolamento na morte

O purgatório não é um lugar para o qual vamos. A eternidade é um outro modo de ser, onde tempo e lugar são abolidos. Purgatório é uma situação humana. Consideramos já a morte como o momento de cisão entre o tempo e a eternidade e simultaneamente o lugar privilegiado da de-cisão derradeira e definitiva do homem. A morte situa o homem na crise mais profunda de sua vida. *Crise* significa exatamente decisão e juízo, coisa que já explanamos anteriormente. *Crise*, contudo, no seu sentido mais originário sânscrito (kir ou kri), quer dizer purificar, purgar e limpar. Em português guardamos o sentido primitivo de crise na palavra *crisol* e *acrisolar.* Crisol é um elemento químico, usado para decantar o ouro de suas gangas ou acrisolar algum metal de adesivos estranhos.

Ora, o homem na morte é colocado numa situação de crise, da qual sairá totalmente acrisolado, passando então para o gozo de Deus; ou totalmente empedernido, e se fixará na absoluta frustração humana, chamada também de inferno. Crise-acrisolamento é sinônimo de purgatório para o homem justo, que se encontra na paz com seu Senhor, envolvido e penetrado por sua graça, mas que carrega ainda nas dobras de sua existência os resquícios do pecado e das imperfeições humanas.

Na morte, o homem depara com Deus e com o Senhor ressuscitado. Alegra-se ao sentir-se aceito e amado. Rejubila-se por estar no limiar da absoluta realização. Mas percebe dobras, obscuridades e distorções em seu ser. O confronto com Deus lhe deixa tudo transparente. Deve arrancar-se, sair de si, desenovelar o nó de relações, que é ele mesmo, distorcido e embaralhado pelos pecados veniais e pelas marcas que a história do pecado (embora perdoado) e dos maus hábitos deixaram em sua personalidade. De *homo incurvatus* deve transformar-se agora totalmente em *homo erectus* que pode face a face olhar a Deus e entregar-se num abraço eterno. E doloroso ao homem ter que arrancar-se, desfazer, num momento, aquilo que a vida inteira criou em distorções e enovelamentos. Ele deve abrir-se totalmente, desabrochar de inteiro e esvaziar-se totalmente para ser o receptáculo pleno para a comunicação de Deus e de Jesus Cristo ressuscitado. Nessa hora o homem deve se entregar totalmente. A morte significa exatamente a total entrega e despojamento do homem. Rompem-se todas as seguranças. Ele deve se abandonar a Deus. Vista assim, a morte é o dom maior que o homem pode oferecer. Por isso ela constitui a forma mais sublime de amor, total e perfeito. Nesse perder-se reside o salvar-se. "Quem procura guardar sua vida, perdê-la-á. Quem, porém, a perder, conservá-la-á" (Lc 17,33). Se a semente não morrer não pode viver e produzir frutos.

Nesse processo de entrega filial e amorosa, o homem entra em luta com seu egoísmo e com as seguranças que sua vida construiu. Por isso, o purgatório, como processo de desabrochamento do homem, pode ser mais ou menos prolongado, conforme cada qual.

Quando tiver enfim madurado, conhece então a sorte das espigas generosas do trigo bom: será segado e recolhido para a mansão do Senhor. Passou já pelo purgatório. Pode ouvir aquelas ridentes palavras: "ótimo, servo bom e fiel. Entra no gozo de teu Senhor" (Mt 25,21). "Vinde, benditos de meu Pai, tomai posse do reino preparado para vós desde a criação do mundo" (Mt 25,34).

5. As felizes almas do purgatório

Da exposição, assim parece-nos, resulta uma desdramatização notável do evento-purgatório. O pensamento do purgatório é mais próprio a nos confortar que nos atemorizar. Os sofrimentos no processo de acrisolamento não podem ser comparados com a alegria indizível que o homem no purgatório vive ao saber-se e sentir-se salvo e quase na posse plena de sua total personalização em Deus. Daí pôde a maior teóloga sobre o purgatório Santa Catarina de Gênova (1447-1510) escrever: "Eu não creio que depois da felicidade do céu possa haver outra felicidade que se possa comparar com aquela das almas do purgatório [...] Este estado deveria ser antes ansiado que temido, pois as chamas daí são chamas de indizível saudade e amor" (p. 45-46). Chamar as "almas" do purgatório de pobres alminhas pode significar nossa preocupação por elas, mas não exprime de forma nenhuma seu verdadeiro estado. Antes, exprime o nosso de peregrinos nos descaminhos da vida.

6. As nossas orações pelos homens no estado de purgatório

Situando o purgatório na morte, no momento de decisão e de radical crise acrisoladora, alguém poderia perguntar: Tem ainda sentido e valor rezarmos pelos falecidos? No sétimo e no trigésimo dia? Eles já não passaram pelo purgatório, porquanto ele se verifica no momento de passagem deste para o novo mundo? A resposta é simples: tem sentido rezarmos pelos mortos do purgatório. Não que nós tenhamos poder sobre eles no sentido de eximi-los de seu processo de acrisolamento. Nós podemos pedir a Deus que Ele acelere o processo de amadurecimento, que leve o homem a se deixar penetrar pela graça divina até chegar ao ponto de hominização divinizadora que lhe corresponde. E Deus está na eternidade: Ele vê como presente nossa oração futura ou mesmo passada. Pode por isso, por nossa intercessão, autocomunicar-se amorosamente ao homem na situação de crise.

Não é ao esforço exclusivo do homem que se deve a consecução de sua completa revelação e da superação das últimas sobras da alienação humana. Mas antes de tudo, é obra graciosa de Deus e auxílio de todo o corpo místico de Cristo que permitem a abertura do homem. O Pe. Congar dizia com razão: "no purgatório seremos todos místicos", isto é, todos seremos penetrados pelo ardente e purificador amor de Deus que acenderá nosso amor para o derradeiro encontro. Assim como o pecado pessoal se insere num mundo de pecado, que possibilita a criação de laços de pecado com outros homens, de forma semelhante, na redenção e purificação de cada homem, participarão todos os justos. Céu e terra estão presentes com suas preces para que o homem na crise derradeira vença e deixe aflorar em si a eterna primavera e juventude de Deus.

7. Já podemos antecipar aqui na terra o purgatório

Se purgatório é o termo de um longo processo de maturação e crescimento purificador, então ele já se inicia aqui na terra. As dores, as frustrações e os dramas existenciais, pelos quais o homem não raro tem que passar, podem pelo homem prudente ser confiscados como alto valor de interiorização e purificação. Então o homem pode abrir-se, afastar obstáculos que o impediam de mergulhar no coração da vida. As máscaras caem e vigora a autenticidade transparente da consciência.

Há situações em que o homem é envolvido em profundas crises que lhe destroem o universo de compreensão e lhe enuviam o horizonte onde brilham as estrelas norteadoras de sua vida. O sentido some. A solidão se faz macabra. O chão debaixo dos pés se torna movediço. Todos os esteios humanos dos entes queridos e dos amigos se cindiram. O homem talvez comece a compreender o que Isaías, de própria experiência, testemunhava: "se não tiverdes fé, perdereis todos o chão debaixo dos pés" (7,7).

Em situações assim pode-se sucumbir e ir até a apatia e ao desespero. Mas oferece-se também uma chance e se lança um desafio: o homem pode aceitar a crise. Deixar que ela aja como um crisol doloroso. Deixar desmontar todos os orgulhos e vaidades inconfessáveis do coração que com belas palavras e aforismos religiosos, às vezes, consciente ou inconscientemente, encobrimos ou legitimamos. Deixar fazer vazio dentro de si, sem consideração de boa-fama, de honra, da impressão que tudo isso poderia causar nos outros. Simplesmente viver, mesmo na latência sem-nome do sentido, o que a crise e a vida trouxeram.

Se o homem fizer tudo isso e não tiver desesperado, então terá passado pela escola de Deus e por sua clínica: ele começa crescer onde se atrofiaram órgãos. Abrem-se horizontes onde nascem, rutilantes, novas estrelas. Ele pode ser recriado a partir de seu nada e ser moldado como um homem mais rico e mais aberto para a comunhão, para a compreensão e para a vivência do mistério do ser e do nada, da graça e do pecado, de Deus e de sua autocomunicação em Jesus Cristo.

Tudo depende de como nos comportamos diante das crises, que se contam entre a normalidade da vida: podem nos acrisolar ou podem nos consumir. Podem nos fazer antecipar o purgatório e fazer que o nosso nó de relações se abra mais e mais para todas as direções até penetrar na dimensão de Deus. Os santos e os místicos chegaram em vida a tal grau de acrisolamento que sua morte foi apenas cisão do tempo para a eternidade. Passaram da vida para a plenitude sem a vivência dolorosa e purificante da crise final. Sobre seu completo vazio e sobre seu nada se pronunciou a Palavra criadora de Deus, como na primeira manhã do Gênesis: emergiram como novos Adões, imagem e semelhança de Deus e de seu Filho e nosso Irmão Jesus Cristo. Ora, isso não é um privilégio e uma exclusividade para os santos e os místicos. Mas uma chance oferecida a todos que quiserem crescer.

Ao rezarmos pelos homens em estado de purgatório, em vez de oferecermos tantas expiações e indulgências (o que não é excluído), deveríamos, segundo as ideias expostas acima, rezar: Senhor, concedei, aos que estão morrendo e se decidindo para Vós, a graça de um rápido amadurecimento humano e divino para que, acrisolados, possam desabrochar totalmente em Vós.

Referências

BARTMANN, B. *Das Fegfeuer* – Ein christliches Paderborn: Trostbuch, 1934.

BETZ, O. Le purgatoire, maturation pour Dieu. In: *Le Christ devant nous* – Etudes ser l'eschatologie chrétienne (Mussner, Boros, Roguet e outros). Tournai: Desclée: 1968, p. 179-196.

_____. Das Purgatorium. In: *Die Eschatologie in der Glaubensunterweisung*. Würzburg: [s.e.], 1965, p. 239-261.

BOROS, L. *Erlöstes Dasein*. Mainz: [s.e.], 1966, p. 97-99.

_____. *Mysterium mortis* – Der Mensch in der letzten Entscheidung. Ölten: [s.e.], 1962, p. 138-150.

BOURÇOIS-MACÉ; De BOVIS; CARROUGES; CHARLES; DANIÉLOU et al. *Lepur-gatoire, mystère profond*. Paris: [s.e.], 1957.

CATARINA DE GENOVA, Santa. *Trattato del purgatorio*. Gênova: [s.e.], 1929.

CONGAR, Y. Que savons-nous du purgatoire? In: *Vaste monde ma paroisse*. Paris: [s.e.], 1966, p. 76-84.

_____. Le purgatoire. In: *Le mystère de la mort et sa célébration*. Paris: [s.e.], 1956, p. 279-336 [Lex orandi, 12].

GARRIGOU-LAGRANGE, R. *O homem e a eternidade*. Lisboa: Aster, 1959, p. 172-243.

GNILKA, J. *Ist 1 Kor 3,10-15 ein Schriftzeugnis für das Fegfeuer?* Düsseldorf: [s.e.], 1955.

GUARDINI, R. *Die letzten Dinge*. Würzburg: [s.e.], 1952, p. 34ss.

JUGIE, M. *Le purgatoire et les moyens de l'éviter*. Paris: [s.e.], 1940.

LANDEN, M. *Hölle und Fegfeuer im Volksglaube*. Heidelberg: [s.e.], 1909.

MICHL, J. Gerichtsfeuer und Purgatorium zu 1 Kor S,1X-15. In: *Studiorum Paulinorum Congressus Internationalis Catholicus 1961*. T. I. Romae, 1963, p. 395-401.

POZO, C. *Teología del más allá*. Madri: BAC 282,1958, p. 240-264.

RAHNER, K. Fegfeuer. In: *Lexikon für Theologie und Kirche* IV, 62.

RONDET, H. *Fins do homem e fim do mundo*. São Paulo: Herder, 1968, p. 211-218.

ROSANAS, J. *El purgatorio*. Buenos Aires: E. Pöblet, 1949 [tratado dogmático].

SCHMAUS, M. *Von den letzten Dingen*. Ratisbona/Münster: [s.e.], 1958, p. 441-498.

Capítulo V
O céu: a absoluta realização humana

Diante do céu deveríamos calar. Estamos diante da absoluta realização humana. Encontramo-nos não mais no limiar, mas já dentro da casa do amor e da pátria da identidade. Tudo o que o homem sonhou, tudo o que suas utopias lhe projetaram, tudo o que estava abscôndito em sua natureza e que se contorcia para vir à luz, agora desabrocha e floresce. O *homo absconditus* emerge enfim totalmente como *homo revelatus*. O ainda-não-experimentado e sempre almejado, o ainda-não-encontrado e sempre buscado, o descanso permanente no mais alto grau de concentração de todas as atividades, a identidade derradeira consigo mesmo em união com o Mistério inefável de Deus e a presença íntima a todas as coisas sem qualquer resquício de alienação: tudo isso enfim agora chegou à sua máxima convergência. São Paulo, a quem foi dado vislumbrar a absoluta realização humana, fala a linguagem do silêncio: "Aquilo que o olho jamais viu, o ouvido jamais ouviu, nem jamais penetrou no coração do homem: isso Deus preparou para aqueles que o amam" (1Cor 2,9). Céu é a realização do princípio-esperança do homem, do qual falamos tantas vezes em nossas reflexões. Céu é a convergência final e cabal de todos os anseios de ascensão, realização e plenitude do homem em Deus.

1. Por que propriamente céu?

Por que os homens chamaram a absoluta realização humana de céu? Céu significa o firmamento quase infinito sobre nossas cabeças. As religiões urânicas dos caçadores e dos nômades que tematizaram profundamente a experiência da grandiosidade do céu e do sol viram nisso o símbolo da realidade divina. O céu é o "lugar" onde Deus mora. "Lá em cima", o céu não deve ser entendido localmente, mas como a pura transcendência, isto é, como aquela dimensão da realidade que nos escapa infinitamente como nos escapam as distâncias incomensuráveis do céu-firma-mento. Céu é aquela realidade transterrestre que constitui a atmosfera de Deus, infinita, plena e sumamente realizadora de tudo o que o homem pode sonhar e aspirar de grande, de belo, de reconciliador e de plenificador. A palavra céu quer simbolizar a absoluta realização do homem como saciamento de sua sede de infinito. Céu é simplesmente sinônimo de Deus, e para o Novo Testamento de Jesus Cristo Ressuscitado. Por sua ascensão ao céu Ele não penetrou nas estrelas ou nos imensos espaços vazios do cosmos. Mas atingiu sua plenitude completa e logrou o ponto mais alto que podemos imaginar de penetração no mistério de Deus.

Céu não é a parte invisível do mundo. É o próprio mundo, contudo, no seu modo de completa perfeição e inserido no mistério do convívio divino. Como veremos melhor mais abaixo, céu não é um lugar para o qual nós vamos, mas a situação de todos aqueles que se encontram no amor de Deus e de Cristo. Por isso o céu já está acontecendo aqui na terra (cf. Lc 10,10; Fl 4,3; Ap 20,15). Sua plenitude, porém, ainda virá.

2. O céu é profundamente humano

Se dissemos que o céu consiste na convergência de todos os dinamismos do homem que clamam por absoluta realização, então devemos também afirmar que o céu é profundamente humano. O céu realiza o homem em todas as suas dimensões: a dimensão voltada para o *mundo*, como presença e intimidade fraterna com todas as coisas, a dimensão voltada para o *outro*, como comunhão e perfeita irmanação e principalmente a dimensão voltada para *Deus*, como união filial e entrada definitiva de um derradeiro encontro de amor. Tudo isso podemos sonhar e suspirar na terra. Mas nunca o vemos realizado de forma permanente e duradoura.

A vida é dialética: a violência campeia junto da bondade, o amor é ameaçado pelo ódio e pela inveja, nossa compreensão das coisas e dos homens é opaca e se desencaminha nas exterioridades. O bem e o mal são ingredientes de cada situação e nunca podem ser vencidos radicalmente. A realidade, em todos os níveis, desde o biológico até o espiritual, é conflitante. O conflito não pode ser exconjurado, apenas elevado de um nível para o outro. O homem se sente estranho diante de si mesmo. Homem e mulher buscam insaciáveis ser uma carne só no amor. E, contudo, permanece a cissura e a solidão insuperável. Com esforço logram-se sínteses onde os opostos e as negatividades se equilibram sofrivelmente com as positividades. Mas o esforço é penoso e o equilíbrio é frágil e perigoso. E, contudo, o homem continua a sonhar ontem e hoje: com reconciliação de tudo com tudo, com a revelação do sentido latente e último de todas as coisas, com a paz e o descanso na harmonia de todas as atividades. E a fé nos diz otimista: vale esperar porque não estamos condenados a sonhar utopias nem a vislumbrar miragens. Criamos utopias e entrevemos miragens porque em nós está a semente da esperança e já o céu começou a germinar dentro deste mundo. Já estamos antegozando, em pequenas prestações, as forças do mundo futuro (cf. Hb 6,5). E gostaríamos que ele irrompesse logo. Na paciência impaciente e fremente aguardamos e suspiramos. Nem somos ainda perfeitamente homens. Estamos nos hominizando lentamente. Como dizia no século II o grande Santo Inácio de Antioquia († 107): "quando chegar lá (no céu), então é que serei homem" (*Aos Romanos*, 6,2, Vozes, 67). Só no céu seremos homens como Deus, desde toda a eternidade, nos quis: sua perfeita imagem e semelhança (Gn 1,26).

Se o céu é profundamente humano, então é um radical encontro. Bem-entendida, esta categoria poderia, melhor do que qualquer outra imagem, fazer-nos vislumbrar a realidade plenificante e dinâmica do céu.

Encontro significa a capacidade de ser-nos-outros sem perder a própria identidade. O encontro supõe o vigor de aceitar o diferente como diferente, acolhê-lo e deixar-se enriquecer por ele. Com isso rompemos o mundo do nosso eu e permitimos a surpresa, a aventura e mesmo o risco. Todo encontro é um risco, porque se dá uma abertura para o imprevisível e para a liberdade. Onde há liberdade tudo é possível: céu e inferno. O céu como encontro significa que o homem quanto mais se abre para novos horizontes divinos e humanos, mais se encontra consigo mesmo e forma com o encontrado uma comunhão vital.

Paradigmas do encontro são a amizade e o amor. Quanto mais alguém é diferente do outro, tanto mais é enriquecido para ele. Encontrar-se é poder ver a unidade e a comunhão na diferença. Não é tornar todos iguais e homogêneos. Isso faria o mundo infeliz e o céu uma eterna monotonia. O amigo sabe do outro. Ambos compreendem-se e deixam que um participe da vida e do destino do outro. Só quem entende de amizade pode compreender a profundidade das palavras que João faz Jesus dizer: "Eu vos chamei de amigos, porque tudo o que ouvi de meu Pai, eu vo-lo comuniquei" (Jo 15,15). A amizade que cresce até o amor é a total lucidez de um para com outro, na comunhão íntima de vida em todos os níveis.

O encontro nunca é acabado. Sempre está aberto a um mais e pode crescer indefinidamente. Quando porém Deus é o encontro do homem, então não conhecerá mais fim. Aí se instaura um vigor que não se esgota nem se limita, mas vai abrindo dimensões sempre novas e diferentes do multiforme mistério do Amor.

3. O céu como a pátria e o lar da identidade

Se o céu consiste na confluência de todos os dinamismos latentes no mundo que agora desabrocham plenamente em Deus, não devemos nos representar esse desabrochar como um ato de mágica divina, criando um novo céu e uma nova terra. Deus não cria outra realidade. Ele faz da velha nova. E a faz nova, enquanto leva à plenitude e conduz à meta tudo o que está depositado como virtualidade dentro da história do mundo e de cada pessoa. Nossos próprios esforços de crescimento não serão perdidos. Com eles vamos dando forma concreta, embora imperfeita, ao céu futuro. Mas eles serão reassumidos por Deus, para fazê-los desembocar no seu objetivo final. Talvez um exemplo da banalidade da vida nos poderá concretizar o que queremos refletir.

Conhecemos o olho com sua capacidade de visão. Essa capacidade se exercita dentro de uma escala muito variegada de possibilidades. O recém-nascido pouco pode ver. Lentamente seu órgão vai-se perfilando: distingue objetos, diferencia as pessoas e devagarinho vai percebendo as distâncias. Na medida em que o homem cresce vai desenvolvendo sua capacidade de visão: percebe a multiplicidade das cores, acumula experiências e diferencia, com penetração crescente, os objetos. Pode desenvolver sua visão a ponto de transcender o ver físico das coisas: capta os símbolos e vê realidades e valores espirituais representados pelos símbolos. O artista entrevê nuanças, detecta formas secretas, vê a mensagem das pedras e acolhe a fala luminosa dos céus. A visão pode tornar-se tão perspicaz que por ela podemos ver a alma das pessoas, seus sentimentos e segredos. Apesar de toda essa gama de possibilidades, nossa visão ainda pode ser desenvolvida indefinidamente.

Céu é a total realização das possibilidades de ver, não a superfície das coisas, mas seu coração. Céu é a festa dos olhos, de tal forma, que a visão do olho terrestre pode ser considerada como um ver por espelho e confusamente (cf. 1Cor 13,12) quando comparada com a visão na situação de céu. É isso o que significa quando dizemos: o céu é a convergência de todas as possibilidades e dinamismos do mundo e do homem. É a pátria e o lar da identidade onde todas as coisas se encontram consigo mesmas, na sua última profundidade e realização.

O céu não deve ser contraposto a esse mundo. Deve ser visto como a plenitude deste mundo, livre já de tudo o que o limita e fere, o divide e amarra. Jesus Cristo Ressuscitado nos dá uma ideia do que seja o céu: nele tudo transluz e reluz; nada do que é humano é deixado, mas assumido e plenificado: seu corpo, suas palavras, sua presença, sua capacidade de comunicação. Livre de tudo o que o limitava às coordenadas deste mundo espaçotemporal, Ele está agora no coração do mundo e do homem, unindo e amando tudo. Ele está na situação de céu, porque já chegou ao termo de toda a criação.

4. As imagens bíblicas do céu

Sobre a realidade do céu não podemos falar com palavras próprias. Nossa linguagem é sempre ambígua e reflete o mundo no qual vivemos. Diante do céu deveríamos calar. É o inefável. Mas como não somos pedras, falamos. Mas nossa fala será sempre figurada e simbólica.

A Bíblia descreve o céu por inúmeras figuras, tiradas todas do contexto humano, como: Reino de Deus, vida eterna, paz, alegria, casa paterna, dia sem ocaso, glória celeste, banquete celestial, banquete nupcial, satisfação sem enjoo, visão beatífica, luz, harmonia etc. Queremos ressaltar o conteúdo simbólico de algumas destas imagens:

a) O CÉU COMO UM BANQUETE NUPCIAL: Nesta expressão – banquete nupcial – se configuram os dois instintos fundamentais do homem: o instinto de nutrição e o instinto sexual. Pelo banquete o homem eleva seu instinto do meramente animal de comer (matar a fome), ao nível espiritual e humano de banquetear-se. O banquete representa a comunhão amical dos homens entre si que juntos gozam da excelência das coisas. No banquete parece que a vida se reconcilia: de hostil e árdua se transforma em alegre, "com as mãos cheias, com o gesto do regalo generoso da alegria imperturbável" (RATZINGER, 175). O banquete se inscreve no mundo da festa, onde dizemos consciente ou inconscientemente: sejam bem-vindas todas as coisas!

As núpcias aprofundam o sentido do banquete. As núpcias não celebram o ato biológico da simpatia sexual, mas o ato humano da mútua entrega no amor. Nas núpcias se festeja a generosidade benevolente da existência que se extasia na experiência do amor humano como fusão vigorosa entre o instinto e o espírito, entre a matéria e a consciência. "A matéria recebe resplendor e claridade da luminosidade do espírito que penetra e ilumina seu peso; o espírito adquire profundidade, calor maternal e força do terreno e corporal que se lhe une" (RATZINGER, 176). O banquete nupcial nos pode deixar vislumbrar a realidade do céu.

Contudo, o banquete nupcial não existe de maneira perfeita. A alegre beleza do banquete não nos faz esquecer a mesa triste do pobre faminto. O banquete pode degenerar em orgia. As núpcias não abolem o terrível quotidiano e a monotonia do dia a dia. O instinto pode prevalecer sobre o espírito e a vontade de poder esmagar o amor. Céu são as núpcias sem ameaças, o banquete no ridente gozo da comunhão fraterna, sem as limitações que a história terrestre nos impõe.

b) O CÉU COMO VISÃO BEATÍFICA: Em sua condição terrestre o homem não pode ver a Deus (cf. Ex 33,20). Só na fé vê seus sinais no mundo. No céu vemos a Deus de face descoberta (2Cor 3,18). Esse ver a Deus não deve ser imaginado estaticamente. Não são os olhos que veem, mas o homem. Ver supõe conhecer, sentir e mostrar-se imediatamente, sem qualquer outra mediação despersonalizadora. Ver é amar com profundidade. "Quando te digo: eu te quero ver, então entendes: eu te amo muito e muito."

Quando o filho distante regressa à pátria, vai ver sua mãe. Ele não vê-enxergando. Ele vê-amando. Ele está na casa materna. Na atmosfera onde todas as coisas se reconciliam, onde há o perdão e a aceitação e onde o mal é integrado e o bem perfaz a atmosfera da comunhão. Quando alguém vê o seu amor, ele não vê com os olhos. Ele participa todo de tudo, do estar-juntos, do abraço, da intimidade, dos interesses e das preocupações. Céu consiste na máxima potencialização desta experiência que aqui na terra já fazemos, embora de forma deficiente.

c) O CÉU COMO VIDA ETERNA: Esta talvez seja a expressão mais usada na Bíblia para o céu (Mt 19,16; 29; 25,46; Jo 3,16; 6,27; 10,28; 17,3; Rm 2,7; 6,22; Gl 6,8; Tt 1,2; 3,7; 1Jo 2,25). A vida é o dom mais excelente que o homem experimenta. Há um milagre permanente e o maior de todos: eu existo! Nada exige minha existência. Não escolhi viver. E contudo existo. Viver é pura gratuidade porque nada repugna que não exista. A vida que vivemos é precária: constantemente ameaçada; uma gota d'água pode afogá-la. E contudo a protegemos cuidadosamente e a amamos ardorosamente. O sonho do homem é poder ser eterno.

Eternidade não consiste em prolongar o tipo de vida que vivemos indefinidamente, envelhecendo cada vez mais. Talvez o inferno consistiria em eternizar a vida que temos e que vai, imperturbavelmente, desgastando-se mais e mais. Suspiramos uma vida de eterna juventude, uma vida sem envelhecimento e sem morte. Queremos vida plena.

Eternidade quer exprimir, não um tempo indefinido, mas a plenitude e absoluta perfeição de um ser. Por isso a eternidade é o próprio ser de Deus. Céu consiste em poder viver a vida de Deus: daí perfeita, plena e totalmente realizada.

d) O CÉU COMO VITÓRIA: É outra figura que ocorre amiúde na Sagrada Escritura. Nós diríamos hoje talvez realização. Paulo diz: "Correi, assim que alcanceis o prêmio. Os que competem abstêm-se de muitas coisas. Esses fazem-no para uma glória passageira. Nós, porém, para algo de imperecível" (1Cor 9,25). Quem vencia nos jogos olímpicos era coroado e festejado em sua pátria natal, como hoje os heróis do esporte. Isso era, para os antigos, o símbolo do céu, como vitória e máxima realização de um homem, após duros combates.

A vida é como uma competição lúdica. Cada qual dá o que pode. Quem lutar seriamente vencerá. São Tiago nos consola: "Feliz do homem que suporta a provação, porque, provado, receberá a coroa da vida, que Deus prometeu aos que o amam" (l,12).

São João em seu Apocalipse desenvolve o tema da vitória: "o vencedor não sofrerá a segunda morte" (2,11). A ele será conferido poder e ser-lhe-á galardoada a estrela da manhã (2,26). A estrela da manhã pode significar Jesus Cristo mesmo (22,16), bem como pode ser uma metáfora para insinuar que o vencedor receberá poder e glória no novo dia no mundo de Deus e de Jesus Cristo. "Aquele que vencer", diz-se mais adiante, "será vestido de vestes brancas, e jamais riscarei seu nome do livro da vida, e eu confessarei seu nome diante de meu Pai e diante dos seus anjos" (Ap 3,5). A veste branca significa o corpo ressuscitado. Cristo mesmo introduzirá o vencedor em sua comunhão com o Pai. Essa intimidade é expressa de forma ainda mais profunda, quando São João diz: "Ao vencedor farei sentar sobre meu trono e eu e meu Pai sentaremos em seu trono" (Ap 3,21). Maior intimidade e intercâmbio de amor não se pode imaginar. O poder divino se faz fraqueza na criatura, para elevá-la na força do amor.

"Ao que vencer eu darei do maná escondido e dar-lhe-ei uma pedrinha branca. Nela está escrito o nome novo que ninguém conhece senão aquele que o recebe" (Ap 2,17). A figura da pedrinha branca com o nome gravado nela é tirada do esporte grego. O vencedor nos jogos recebia seu nome inscrito numa tabulazinha branca. No céu, cada qual recebe o nome que corresponde ao seu mistério. O homem é um mistério. Sua última radicalidade só Deus pode penetrar, nem o amigo, nem o esposo ou a esposa, nem talvez nós mesmos. No céu, Deus mesmo revelará o homem ao próprio homem. Ele nos chamará com o nome que nos faz vibrar até os últimos recônditos do ser. Será o nome de seu amor para conosco. Ouviremos a Palavra que Deus eternamente pronunciou quando nos chamou, eternamente, à existência.

e) O CÉU COMO TOTAL RECONCILIAÇÃO: Céu significa a realização das utopias humanas. Primeiro, de reconciliação do homem consigo mesmo, a reconciliação do consciente com o inconsciente, da arqueologia do saber que carregamos dentro de nós com as estruturas geradoras do consciente, reconciliação das sombras com as luzes de nossa personalidade numa síntese superior indefectível. A seguir dar-se-á também a reconciliação do homem com o cosmos e do cosmos consigo mesmo.

O Antigo Testamento fala a linguagem utópica quando diz: "O lobo será hóspede do cordeiro, a pantera se deitará ao pé do cabrito, o touro e o leão comerão juntos e um menino os conduzirá. A vaca e o urso se confraternizarão, suas crias repousarão juntas e o leão comerá palha com o boi. A criança de peito brincará junto à toca da víbora e o menino pequeno meterá a mão na caverna do escorpião" (Is 11,6-9). O Apocalipse (21) promete um novo céu e uma nova terra, onde não haverá morte, nem luto, nem grito, nem dor, porque todas essas coisas acabaram (21,4). Na cidade de Deus não haverá necessidade de sol nem de lua, porque a glória de Deus a iluminará (21,23).

Atrás de tais utopias está o vigor do princípio-esperança. No céu essa utopia se transformará em topia, já prenunciada na pregação de Jesus acerca do Reino dos Céus e mostrada como possível por sua ressurreição. A afirmação: "Jesus veio mostrar-nos o céu" resume numa fórmula, quem sabe já gasta e sem grande vigor vital, o verdadeiro sentido de Cristo. Ele veio, não apenas para nos mostrar como deve ser a existência humana, mas também qual é a meta da vida (céu) e como devemos e podemos alcançá-la. No céu haverá a reconciliação de tudo; isto quer dizer: todas as coisas serão transparentes umas às outras; não serão mais obstáculos à revelação de Deus; serão como que verdadeiros espelhos a refletirem de ângulos diversos o mesmo rosto afável e amoroso de Deus. Tudo será como uma admirável sinfonia, onde a diversidade dos tons e das notas se articulará numa música divina e indizivelmente harmoniosa.

5. Céu como Deus: tudo em todas as coisas

Essa expressão ousada vem de São Paulo (1Cor 15,28). Com ela não se afirma um panteísmo que destrói as individualidades a ponto de dizer: "tudo é a mesma coisa, pedra, animal, eu etc., tudo é Deus". Com a expressão "Deus será tudo em todas as coisas", a fé quer exprimir a verdade de que no céu veremos como Deus é o princípio, o coração e o fim de cada coisa. As coisas ficarão coisas, as pedras ficarão pedras, os homens ficarão homens, mas intuiremos que o sentido profundo de todos os seres é Deus mesmo. Ele constitui a luz com a qual tudo veremos. A fonte da qual tudo emana. E o amor que tudo sustenta e atrai.

Quando alguém nos ama, amamos todas as coisas que nosso amor ama. A cidade, as pedras, as paisagens, as cores, as montanhas, o mar; as estradas são relacionadas com o ser amado. Que faz o amor? Ele faz colorir todas as coisas e restitui a jovialidade à natureza. As estradas ficam estradas, o mar permanece mar, a cidade é sempre a cidade. E contudo são diferentes. Porque vemos a cidade, o mar e as estradas perpassados pelo amor. Ora, na situação-de-céu nosso amor é Deus. E vemos e ouvimos e sentimos como tudo fala e lembra Deus. Como cada ser, do pequeno ao grande, vibra pela realidade amorosa de Deus. Então percebemos: Deus é tudo em todas as coisas.

6. A grandeza e a essência do mundo é ser ponte

Se Deus é tudo em todas as coisas, então cada ser possui seu sentido enquanto revela e aponta para Deus. Tudo é ponte para Ele. Sua grandeza e essência é ser ponte, ser precursor da meta que é Deus.

Quando amamos uma pessoa, amamos algo mais do que a pessoa. Amamos o segredo que ela esconde e revela. Por isso todo verdadeiro amor transcende a pessoa amada. A pessoa é ponte para o segredo que encarna, mas que também a ultrapassa. O amor só é feliz quando faz com que os dois que se amam caminhem juntos para a mesma direção, apontada pelo amor: Então caminham para Deus, como aquele inefável segredo latente em cada coisa que nos cerca. Céu consiste em amarmos Deus em cada coisa. "Amai os animais, amai as plantas, amai cada coisa. Se vós amais cada coisa, vós compreendereis o mistério de Deus nas coisas", ensinava Dostoievski nos *Irmãos Karamazovi*. Então começaremos a entender como Deus é tudo em todas as coisas.

7. No céu veremos Deus assim como Ele é

A situação de céu não é formada somente pela potencialização daquilo que o homem aqui na terra pode vislumbrar e sonhar. Significa também a entrada num novo mundo, onde Deus constitui a grande novidade. Ao justo e santo no céu é dado gozar do processo divino: de como o Pai eternamente gera o Filho e juntos aspiram o Espírito Santo. Talvez isso constitua a suma felicidade: poder ver, contemplar e participar com todas as fibras do ser da "autogeração" do próprio Deus.

Mais ainda. Em Deus poderemos ver como todos os seres são criados e mantidos na existência. É-nos dado participar naquilo que nos escapa totalmente e que constitui o mistério para todas as ciências: a irrupção de todas as coisas do nada pelo ato criador de Deus. Veremos não somente os seres existentes, mas todos os possíveis seres que existiram, existem quem sabe em outros mundos e existirão em outros planos divinos. Um concílio regional de Paris em 1528 declarava: "Aos bem-aventurados é manifestado uniformemente o divino espelho, no qual resplandece tudo o que os interessa" (MANSI 32, 1174).

8. No céu seremos todos Cristo?

A Encarnação da Segunda Pessoa da Santíssima Trindade realizou uma possibilidade inscrita dentro da natureza humana. Se Deus se encarnou é porque o homem *podia* ser assumido por Deus. Ora, Jesus é um homem como nós. É nosso irmão. Isso significa que, tanto nele quanto em nós, existe a possibilidade de sermos assumidos por Deus. Nossa natureza espiritual é assim estrutura que é capaz do Infinito. Na terra somente Jesus de Nazaré pôde realizar essa possibilidade, pois só Ele foi o Homem assumido por Deus. Se dissemos anteriormente que no céu todas as nossas possibilidades se realizarão plenamente, então deveremos consequentemente concluir que também essa de podermos ser assumidos por Deus e formarmos com Ele uma unidade imutável e individual.

Já na terra estamos em Cristo e formamos com Ele um corpo único. Fomos criados à imagem e semelhança de Deus e de Cristo. Somos filhos de Deus. No céu revelar-se-á em toda sua profundidade o que isso significa. À semelhança de Cristo, seremos seus filhos bem-amados. Deus será em nós tudo, de forma que nos será mais íntimo a nós mesmos que nós o somos a nós mesmos. Respeitadas as diferenças de Criador e criatura, formaremos uma unidade derradeira de amor à semelhança daquela que vigora entre Jesus de Nazaré e a Segunda Pessoa da Santíssima Trindade.

Essa constitui a derradeira vocação do homem e seu mistério mais profundo. Ele será de tal forma inserido no mistério do próprio Deus que nossa história será uma articulação da própria história divina. O significado destas palavras quase nos escapam. Proferimos um mistério diante do qual devemos silenciar para, com respeito, melhor venerá-lo. Apenas balbuciamos o Inefável de Deus e de nossa vocação para novamente nos recolhermos à casa do Silêncio.

9. Se o céu for descanso...

Haverá crescimento e uma trans-história no céu? A vida com Deus foi apresentada, comumente, como descanso e visão beatífica, representações essas que geraram a ideia de monotonia e tédio. O povo, em reação, cunhou o aforismo, gracioso, mas teologicamente profundo: "Se o céu for descanso, prefiro viver cansado". Com isso, insinuava que no céu deve haver uma atividade realmente criadora e plenificante. Na verdade, no céu a história continua, não na ambiguidade do tempo terrestre onde bem e mal andam sempre acoplados. Mas será a história do homem com Deus, história do amor e da indefinida divinização da criatura. Para isso haverá um crescimento no céu, indefinidamente...

Deus não aumentará. Mas a participação da criatura em Deus. Deus é um mistério infinito e não um enigma que se dissolve ao ser conhecido. No mistério de Deus o homem penetra mais e mais. Ele vai-se revelando em facetas infinitas, maravilhando o homem por sua novidade e surpresa. E isso por toda a eternidade. O homem, por ser finito e criado, não pode, num ato único, apanhar as infinitas dimensões do Mistério de Deus ou do Deus do Mistério. Ele só o alcança em atos sucessivos. Isso é assim, não por causa de nossa situação terrestre de peregrinos. Mas por causa de nosso estatuto criacional. Jamais seremos como Deus. Mas poderemos nos assemelhar mais e mais a Ele, na medida em que penetramos em seu Mistério e nos for revelada a profundidade sem limites de seu Amor.

No céu dar-se-á o complexo de todos os paradoxos: será dinamismo no descanso, tranquilidade na atuação, paz na turbulência da novidade, crescimento sem perder nada do passado. "Ali descansaremos e veremos. Veremos e amaremos. Amaremos e louvaremos. Eis a essência do fim sem fim. Pois que fim mais nosso que chegar ao reino que não terá fim?" (Santo Agostinho, *De civ. Dei*, 30,5).

10. O céu começa na terra

O céu não é fruto de especulações árduas para a inteligência e para a fantasia. É a potencialização daquilo que já na terra experimentamos. Sempre que na terra fazemos a experiência do bem, da felicidade, da amizade, da paz e do amor, já estamos vivendo, em forma precária, mas real, a realidade do céu. Há momentos na vida de profunda calma e transparência. Como por um encanto, as coisas grandes e pequenas surgem em suas devidas proporções. Sentimos o mundo numa última reconciliação e num sentido aconchegador. Tais momentos podem ser fugazes. Mas podem acontecer. Quando isso acontecer, então teremos experimentado dentro da terra o germe do céu. Sempre que experimentamos algo de profundamente humano, fazemos simultaneamente a experiência do ilimitado, de algo "mais" que circunda todas as coisas. É o advento e a parusia do céu. Bem cantava o Pe. Duval:

> Quando eu te vi, meu Deus
> Através das coisas,
> O céu não estava longe, longe de modo nenhum!
> Quando eu te vi, meu Deus,
> Através das coisas,
> Era já nossa amizade que se iniciava (*Monsieur mon frère*. Paris: l'Epi, 1960, p. 16).

Referências

BETZ. O. Der Himmel. In: *Die Eschatologie in der Glaubensunterweisung*. Würzburg: [s.e.], 1965, p. 262-283.

BETTENCOURT, E. *A vida que começa com a morte*. Rio de Janeiro: [s.e.], 1955, p. 57-74.

BOGLER, Th. Liturgia dei cielo. In: *Muerte y Vida* (Abadia de Maria Laach). Madri: [s.e.], 1962, p. 183-222.

BOROS, L. *Nós somos futuro*. São Paulo: Loyola, 1971, p. 33ss.; p. 179-181.

_____. "Der neue Himmel und die neue Erde". *Wort und Wahrheit 19*, 1964, p. 263-279.

BRUNNER E. *Das Ewige als Zukunft und Gegenwart*. Munique/Hamburgo: [s.e.], 1965, p. 171-187.

BUJANDA, P. *Teologia do além*. Porto: [s.e.], 1953, p. 231-244.

CONGAR, Y. *Vaste monde, ma paroisse*. Paris: [s.e.], 1966, p. 55-75.

DREISSEN, J. "Theologische Besinnung über den Himmel". *Katechetische Blätter* 86,1961, p. 251-258.

KOLPING, A. La prédication de la vie éternelle. In: *Le Christ devant nous* (vários autores). Tournai: [s.e.], 1968, p. 37-52.

Lumière Et Vie, n. 52 de 1961 [todo dedicado ao céu].

MÜLLER, H. "Himmel". *Katechetische Blätter*, 81,1956, p. 405-409.

MUSSNER, F. *Zoé* – Die Anschauung: vom Leben im 4. Evangelium. Munique: [s.e.], 1952.

POZO, C. *Teologia del más alla*. Madri: BAC 282,1968, p. 136-172.

RONDET, H. O desejo do céu. In: *Fins do homem e fim do mundo*. São Paulo: Herder, 1968, p. 241-252.

SCHMAUS, M. *Das Paradies*. Munique [s.e.], 1965 [Münchener Univers-tätsreden, 38].

SCHOONENBERG, P. "Creio na vida eterna". *Concilium*, jan./1969, p. 86-99.

TROISFONTAINES, R. "Le ciel". *Nouvelle Revue Théologique*, 1960, p. 229ss.

Capítulo VI
O Inferno: a absoluta frustração humana

1. O cristianismo como a religião do amor, do Deus que é homem, do homem novo e do futuro absoluto

O cristianismo se apresentou no mundo como uma religião de amor absoluto: do Deus que criou tudo por amor; que quis companheiros no seu amor: o cosmos e o homem; que quer seres que se amem mutuamente como Ele os ama; que professa um dogma fundamental: o amor. O movimento de Deus para com o mundo: é amor. O movimento do mundo para com Deus: deve ser de amor. O movimento dos homens no mundo entre si: tem que ser de amor. Outra coisa não quer o cristianismo. E ele promete: quem tem amor tem tudo, porque "Deus é amor. E quem permanece no amor permanece em Deus e Deus nele" (1Jo 4,16).

Quando Cristo se levantou na Galileia, começou dizendo que trazia uma boa notícia (evangelho): o Reino de Deus. Isto significa tanto quanto anunciar a superação de todas as alienações humanas, a realização de todas as esperanças do coração e a vitória sobre todos os inimigos do homem como a doença, o sofrimento, o ódio, a morte, numa palavra, o pecado. Ele trouxe uma novidade absoluta, como dizia Santo Ireneu, por volta de 180 depois de Cristo. Não só pregou o Reino, mas o realizou em sua pessoa:

Ele foi o homem revelado, o primeiro homem da história, totalmente livre, totalmente aberto a todos, que conseguiu amar a todos, amigos e inimigos, até o fim. Mesmo os que o fustigavam na cruz e lhe faziam as dores mais doloridas. O amor é mais forte que a morte. Morto, a grama não podia crescer sobre sua sepultura. Ele ressuscitou. Com isso na pessoa dele se realizou o Reino de Deus e a esperança de todos os povos. Se Ele ressuscitou, nós o seguimos. Ele é apenas o primeiro dentre os mortos. Os apóstolos logo viram: só Deus podia ser tão humano assim. Esse Jesus de Nazaré era Deus mesmo feito homem, andando entre nós.

Com Jesus apareceu, pois, o novo homem, o homem que já ultrapassou esse mundo, onde há dores e mortes, ódio e divisão. Com esse Jesus já começou o novo céu e a nova terra (Ap 21,5). Os primeiros cristãos compreenderam o alcance extraordinário da novidade trazida por Jesus e definiam-se de fato como "o homem novo". São Paulo diz: "Quem está em Cristo é nova criatura" (2Cor 5,17). "O velho já passou e fez-se um mundo novo" (2Cor 5,17). Cristo acabou com todas as divisões que os homens se criaram para si e fez um "homem novo" (Ef 2,15). E pede que nos revistamos desse "novo homem" (Ef 4,24).

Os pagãos, especialmente o grande filósofo Celso, no segundo século, diziam que os cristãos formam o terceiro gênero humano: o primeiro são os gregos e romanos; o segundo os bárbaros. O terceiro, que superam os demais que creem num homem novo, são os cristãos. E Orígenes, quiçá o maior pensador cristão de todos os tempos, fazia uso exatamente deste argumento contra Celso para apresentar o que é o cristianismo: é a religião do homem novo, liberto das estruturas desse velho mundo, também das convenções criadas pelos homens.

Com esta doutrina o cristianismo abriu aos homens um futuro absoluto: o nosso futuro está aberto para uma vida ainda mais intensa e rica do que aquela que vivemos aqui. Cristo garantiu o desfecho feliz da história: no final não haverá frustração e nada, mas plenitude, realização máxima do homem novo, com seu corpo ressuscitado à semelhança daquele de Cristo. O mal será vencido e triunfará o amor, o fraternismo, a cidade de Deus, a comunhão de todos com todos e com Deus, e a vida que agora será eterna.

2. O cristianismo como uma religião que toma o homem absolutamente a sério

Se o cristianismo é uma religião do amor, então é uma religião da liberdade. Amor sem liberdade não existe. Amor não se encomenda nem se compra. O amor é uma doação livre. Amor é dizer sim e amém para um outro tu. É dar com res-ponsa-bilidade uma res-posta a uma pro-posta.

Deus nos faz uma pro-posta de amor, de sermos homens novos, de vivermos com Ele, de podermos participar de um projeto de eternidade com Ele. Não nos obriga. Convida e a sua pro-posta espera uma res-posta. Nossa res-posta pode ser positiva ou negativa. Ao amor posso pagar com amor. Mas posso pagar também com indiferença. Posso dizer: eu faço meu projeto existencial sozinho. Eu me realizo com o outro e não preciso do Grande Outro (Deus). Posso dizer *não* a Deus. E Deus toma o homem absolutamente a sério, como sério é o amor e a decisão livre. Deus respeita tanto o homem que não interveio quando seu Filho foi condenado à morte. Preferiu deixar Jesus morrer como um malfeitor,

Ele que só fizera bem a todos, a interferir na decisão livre dos judeus.

3. O homem possui uma dignidade absoluta: de poder concorrer com Deus e dizer-lhe um não

O homem possui uma dignidade absoluta: de poder dizer um *não* a Deus. Ele pode fazer uma história para si, centrada sobre seu eu e seu umbigo. Deus o respeita, embora saiba que, quando o homem é largado e entregue a si mesmo, é, na linguagem de Nietzsche, "o mais inumano de todos os animais". Ele não é um animal, mas pode fazer-se tal. Quem poderá levantar-se contra Deus, contra o Criador de tudo e de todo o cosmos? O homem, esse caniço pensante, como dizia Pascal. Ele é livre e pode escolher, pode decidir-se por Deus ou para si mesmo.

4. O homem relativo pode criar algo de absoluto

Quando o homem dá uma res-posta negativa à proposta de amor divino, ele continua vivo. Cria para si um mundo. Ele cria realmente algo de novo, como Deus também criou o céu e a terra. Com apenas uma diferença. De Deus podia-se dizer: "E viu que tudo era bom". E do homem não se poderá dizer isso, porque poderá haver algo de bom onde não reina o amor? Onde Deus não tem vez? Ele que se revelou e se chamou de amor?

Há uma coisa que Deus não criou porque não quis, e apesar disso existe, porque o homem criou, quando odiou, quando explorou seu irmão, quando matou, quando voltou a face diante do pobre, do oprimido, do faminto, quando se amou a si mesmo mais que seu próximo, quando se colocou como centro da vida, quando começou a construir sua cidade e se esqueceu de Deus, quando disse um sim a essa vida e um não a uma vida mais rica, mais fraterna e eterna. Quando o homem fez tudo isso, então surge aquilo que nós chamamos inferno. O inferno não é uma criação de Deus, mas do homem. Porque existe o homem mau, o homem egoísta e o homem fechado em si mesmo, existe o inferno, criado pelo próprio homem. Como dizia muito bem Paul Claudel: "O inferno não vem de Deus. Vem de um obstáculo posto a Deus pelo pecador". O homem, criatura passageira e contingente, pode criar para si algo de absoluto e definitivo.

5. O inferno existe, mas não é aquele dos diabinhos com chifres

Se eu pudesse, anunciaria essa novidade: O inferno é uma invenção dos padres para manter o povo sujeito a eles. É um instrumento de terror excogitado pelas religiões para garantirem seus privilégios e suas situações de força. Se eu pudesse anunciaria isso e significaria certamente uma libertação para toda a humanidade. Mas não posso. Porque ninguém pode negar o mal, a malícia, a má vontade, o crime calculado e bem querido, e a liberdade humana. Porque isso existe, existe o inferno, que não é, como dizia o Pe. Congar, aquele dos diabinhos com chifres que a fantasia religiosa criou, pintou e com o qual pregadores fervorosos fizeram milhares estremecer e se apavorar, mas aquele criado pelo condenado para si mesmo.

O inferno é o endurecimento de uma pessoa no mal. É portanto um estado do homem e não um lugar para o qual o pecador é lançado onde há fogo, diabinhos com enormes garfos a assar os condenados sobre grelhas. Tais imagens são de mau gosto e de morbidez religiosa. Inferno é um estado do homem, que se identificou com sua situação egoísta, que se petrificou em sua decisão de só pensar em si e em suas coisas e não nos outros e em Deus. É alguém que disse um *não* tão decisivo que não quer e não pode mais dizer um *sim*.

6. O que a Sagrada Escritura diz sobre o inferno

Que diz a Sagrada Escritura sobre o inferno? O pano de fundo de todos os textos atinentes ao inferno consiste na realidade triste do homem que pode fracassar em seu projeto. Que pode perder-se e fechar-se sobre si mesmo como um casulo. Cristo veio pregar libertação. Oferecer uma chance ao casulo de tornar-se mariposa e de mariposa uma esplêndida borboleta. Cristo sabe dessa possibilidade que o homem tem de construir para si um inferno. Por isso, elemento essencial de sua pregação reside na *conversão*. Conversão significa retornar ao bom caminho, voltar-se para o outro, revolucionar o modo de pensar e de agir, no sentido de Deus e da proposta divina. Quando o homem se petrifica no seu mal e assim morre entra num estado definitivo de absoluta frustração de sua existência. Como o exprimia tão bem Paul Claudel: "Todo homem que não morre em Cristo, morre na sua própria imagem. Ele não pode mais alterar a marca de si mesmo que em todos os instantes da vida foi-se formando na substância eterna. Enquanto a palavra não termina, sua mão pode voltar atrás e cancelá-la com uma cruz. Mas quando terminar a palavra, então se torna indestrutível como a matéria que a recebeu. Quod scripsi scrip-si" (GUITTON, J. *L'inferno e la mentalità contemporanea*. Op. cit., p. 247).

É a máxima infelicidade que o homem pode realizar para si. A esse estado a Bíblia denomina com várias designações:

a) *O inferno como fogo inextinguível* (Mc 9,43; Mt 18,8; 25,41; Lc 3,17), fogo ardoroso (Hb 10,27), fornalha de fogo (Mt 13,42.50), lago de fogo que arde como enxofre (Ap 19,20). No juízo final dirá Cristo para os maus: "Afastai-vos de mim, malditos, para o fogo eterno" (Mt 25,41). O fogo, por mais que disputem os teólogos, aqui é uma figura, um símbolo, como uma figura é a frase de Cristo que devemos cortar a mão e arrancar o olho se estes nos induzem em pecado (Mt 5,29-30). Como símbolo pode ser até ambivalente: A Escritura mesma fala do fogo que purifica e do fogo do amor. Aqui o fogo é o símbolo, para o homem antigo, daquilo que há de mais dolorido e destruidor. Quer exprimir a situação desoladora do homem definitivamente afastado de seu projeto fundamental e da felicidade, que é Deus. Essa situação é tão desoladora e angustiante que se compara à dor e aos tormentos causados pelo fogo sobre nossos sentidos. Mas o fogo do inferno, de que falam as Escrituras, não é um fogo físico. Ele não poderia agir sobre o espírito. É tão somente figura, talvez uma das mais expressivas para nos dar uma ideia da absoluta frustração do homem, longe de Deus. Nos Mulamuli, Escritura budista, diz-se com acerto: "Quando o homem faz o mal, acende o fogo do inferno e se queima no seu próprio fogo" (CARROUGES, Michel. *Immagini de L'inferno nella letteratura*. Op. cit., p. 47).

b) *O inferno como choro e ranger de dentes* (Mt 8,12; Lc 13,28 etc.). O homem chora quando é acometido de dor violenta. Range os dentes quando raivoso e se volta contra uma coisa que não pode modificar e mudar. Chorar e ranger os dentes são aqui figuras e metáforas para uma situação humana de revolta impotente e sem sentido, que não conhece uma saída e arrancada feliz.

c) *O inferno como as trevas exteriores* (Mt 8,12; 22,13 etc.). O homem busca luz e é chamado a ver o mundo e as maravilhas da criação. Ele quer estar dentro, isto é, na casa paterna, aconchegado e protegido contra os perigos da noite tenebrosa. No inferno, na situação que ele se escolheu, não encontra o que busca com os anelos mais profundos de seu coração. Ele vive nas trevas exteriores, no exílio e fora da casa paterna.

d) *O inferno como cárcere* (1Pd 3,19). O homem foi chamado à liberdade e à transformação do mundo que o cerca. Agora ele está como que amarrado e preso. É um prisioneiro de seu pequeno mundo que se criou e aí está só; não pode mover-se e nada fazer.

e) *O inferno como um verme que não morre* (Mc 9,48). Isso pode significar duas coisas: a situação do condenado é como a de um cadáver devorado por um verme que jamais se sacia. Pode significar também o verme da má consciência que o corrói e não lhe deixa paz nenhuma interior.

f) *O inferno como morte, segunda morte e condenação.* São João concebe o céu como vida eterna. O inferno é a morte (Jo 8,51) ou mesmo como segunda morte (Ap 2,11; 20,6). Se Deus é vida, então a ausência de Deus é morte. São Mateus fala de condenação eterna (Mt 7,13), isto é, o homem mau, com a morte, entra num estado definitivo do qual jamais se libertará. Paulo dirá que ele não herdará o Reino do Céu, isto é, não vê realizados os desejos do coração e ficará para sempre como um ser que tem fome e não encontra jamais a água e o pão para se saciar (1Cor 6,9s.; Gl 5,19-21).

g) *Valor destas imagens.* Todas estas figuras são tiradas das experiências humanas, da dor, do desespero, da frustração. O inferno amputa o homem em sua qualidade de homem: foi chamado à liberdade e vive num cárcere; chamado à luz e vive nas trevas; chamado a viver na casa paterna com Deus e deve viver fora, nas trevas exteriores; chamado à plenitude e vive não realizado e eternamente a caminho, com a certeza e o desespero de poder jamais chegar à meta de seus desejos. O valor das imagens reside em ficarem imagens: de nos mostrarem a situação do condenado como irreversível e sem esperança.

7. O inferno como existência absurda

De tudo o que vimos da Escritura uma coisa resulta segura: o inferno é uma existência absurda que se petrificou no absurdo. Todo homem é um nó de potencialidades, de capacidades, de planos e desejos. Sonha com realizações e com a atualização de suas tendências. Começa um trabalho cheio de animação. Dedica-se dia a dia. Horrível é o dia quando percebe que tudo foi em vão e que não consegue nunca mais alcançar seu objetivo. Ele sofre. É como se algo lhe fosse cortado de sua vida e de seu próprio corpo.

Sem sentido ninguém pode viver. O homem poderá recomeçar ou trocar de objetivos, mais ao alcance da mão. Inferno significa não ter mais futuro, não ver mais saída nenhuma, não poder realizar nada daquilo que quer e deseja.

A imagem de um homem amputado de seus órgãos talvez nos poderia dar uma ideia. Alguém que não tem olhos, nem ouvidos, nem tato, nem olfato não poderá receber nada nem comunicar nada. Vive numa solidão completa. E a solidão é o inferno. Feitos fomos para amar. Amar é dar e receber. Feitos fomos para estarmos juntos, comungar uns dos outros e gozarmos das alegrias de Deus e da criação. E disso somos cortados ou nos cortamos a nós mesmos.

A frustração maior, contudo, reside na ausência de Deus. Todo nosso ser freme por Deus, como o centro de nosso centro e o Tu radical que repleta nosso eu. E nele reina um vazio absoluto. Sente-se perdido em si mesmo e nas coisas. Embora saiba que tudo guarda uma referência radical com o Mistério, contudo não a pode ver e degustar. Sua dor é maior ao saber que, pelo fato de existir e de não ser reduzido ao nada, dá glória a Deus e testemunha o amor que "tudo penetra e resplende" (Dante). Gostaria que Deus se aniquilasse. Mas dá-se conta que é por força de Deus que pode ter tais desejos sempre frustrados.

Sua existência é absolutamente absurda. E é absurda porque vem carregada dentro de um sentido mais radical:

a glória de Deus que o próprio inferno, contra sua própria vontade, dá. É como se alguém estivesse dentro de um trem em grande velocidade, e caminhasse em sentido contrário do trem, na ilusão de ir contra o sentido do caminho. Por mais que ele corra, estando dentro do trem, em direção oposta, com isso não deixa de ser levado e carregado para adiante no sentido do caminho que é Deus.

8. É possível o homem criar-se um inferno e dizer não à felicidade?

Alguém poderia logo dizer: Ninguém se decide pelo inferno que ele mesmo criou. Ninguém pode querer com vontade firme a infelicidade e a solidão absoluta. O homem sempre busca a felicidade. Às vezes ele se engana. Se compreendesse o que significa Deus ele jamais o negaria. O Evangelho de São Mateus nos dá uma resposta a isso (Mt 25). Não é necessário identificar Deus para negá-lo ou amá-lo. Deus nunca se mostra de cara a cara. Ele nos vem ao encontro pelas coisas deste mundo. No último juízo os condenados dirão, cheios de espanto, a Deus: "Senhor, quando foi que te vimos faminto e não te demos de comer? Quando te vimos nu e não te vestimos?" Os maus protestam porque afirmam nunca terem encontrado Deus e tomado o partido dele. E a resposta do Juiz será: "Em verdade vos digo que, quando deixastes de fazer isso a um destes pequeninos, a mim não o fizestes. E eles irão para o suplício eterno" (Mt 25,45s.). Deus apareceu incógnito na pessoa do necessitado e não foi reconhecido. Por isso o homem acostumado a querer mal ao outro, a explorá-lo, a não ter compaixão por ele, a não se lembrar dos outros, mas a pensar só em si e dar margem à extravasão de todas as suas paixões, esse criará como que um mecanismo de comportamento e de decisão que só quer ficar instalado e estruturado naquilo que sempre faz. Ao morrer, esse seu comportamento se fixará e então entrará o inferno. Inferno foi uma criação sua. A morte apenas sela o que a vida moldou. Então não haverá mais volta, nem conversão.

"Se o homem não compreende o inferno, é porque não compreendeu ainda seu coração" (JOUHANDEAU, M. *Algèbre des valeurs morales*. Paris, 1940, p. 229). O homem pode tudo. Pode ser um Judas como pode ser semelhante a Jesus de Nazaré. Pode ser um Auschwitz, um Dachau, um Mostar. Pode ser um santo e pode ser um demônio. Dizer céu e dizer inferno é referir-se ao que o homem é capaz. Quem nega o inferno não nega Deus e sua justiça. Nega o homem ou não o toma a sério. A liberdade humana não é uma brincadeira. É um risco e um mistério que envolve a absoluta frustração no ódio ou a radical realização no amor. Com a liberdade tudo é possível, o céu, mas também o inferno.

Enquanto o homem estiver a caminho, o tempo será sempre tempo de conversão. Conversão é fazer como faz o girassol: voltar-se sempre para a luz, para o sol e acompanhar o sol em sua caminhada. O sol é Deus que se manifesta nesse mundo humilde e incógnito na pessoa de cada homem que encontramos. Se estivermos sempre dispostos a aceitar os outros, se estivermos sempre na tentativa de abrir-nos para um tu, seja quem for, então estamos no caminho da salvação e a morte não nos fará nenhum mal. E o inferno é uma possibilidade somente, mas longínqua de nossa vida. Mas uma possibilidade real.

9. Podemos ir ao inferno só por causa de um pecado mortal?

Essa pergunta está malcolocada. O inferno é uma decisão de toda a vida e da totalidade de nossos atos. Ninguém é simplesmente condenado ao inferno. Só permanece no inferno que se criou para si aquele que para isso se decidiu. A epístola aos hebreus diz que "se pecamos voluntariamente [...] somos destinados ao ardor do fogo" (10,26-27). Como alguns Santos Padres com acerto já haviam notado (Agostinho, *Teofilato*), aí não se diz: "depois de que tivermos pecado", mas "se pecamos", isto é, se persistirmos em nosso pecado sem querer a conversão. Trata-se, pois, não de um ato isolado, mas de uma disposição de alma.

Nossa situação peregrina, entre tentações, dificuldades psicológicas, erros na educação e fraquezas de toda sorte, não nos permite realizar um ato, enquanto estivermos em vida, que marque uma vez por todas nosso destino futuro. Nossa vida é uma sucessão de atos contínuos, a maioria deles ambíguos porque o homem é simultaneamente bom e mau, justo e pecador. É nossa vida como totalidade que marca nosso destino futuro, não este ou aquele ato.

Os atos revelam nosso projeto fundamental. Se repetirmos sempre os nossos atos, nunca tentamos de corrigi-los, mas deixamos que eles se realizem sem qualquer preocupação, então eles poderão marcar aos poucos nossa direção fundamental. Porém, se tivermos nosso projeto fundamental orientado para Deus, controlarmos a situação de tempos em tempos, tentarmos vencer-nos sempre que percebemos que estamos nos desviando, então os atos individuais ganham menos peso. Poderão ser pecados graves, mas não mortais (que levam à segunda morte). Por um pecado "mortal" que não é o resultado de toda uma vida e orientação ninguém será lançado às trevas exteriores. A decisão fundamental e definitiva do homem, como vimos anteriormente, realiza-se *na morte*. Aqui o homem vê uma vez mais toda sua vida, compreende Deus e o que Ele significa, confronta-se uma vez mais com Cristo e sua função cósmica e então absolutamente livre das peias exteriores poderá dizer um Sim definitivo a Deus ou um não derradeiro.

Aqueles homens que buscaram com sinceridade a verdade e a justiça, embora pecadores e por circunstâncias, quem sabe, de educação, de maus exemplos, de complexos psicológicos, estavam longe de Deus, agora podem vê-lo e dizer-lhe um Sim definitivo. Porque foi a Deus que eles serviram quando faziam o bem e respeitavam a todos. O projeto de sua vida agora vê-se realizado e viverão em Deus.

10. Conclusão: o realismo cristão

O cristão é um ser extremamente realista. Conhece a existência humana em sua dialética, distendida entre o bem e o mal, o pecado e a graça, a esperança e o desespero, o amor e o ódio, a comunicação e a solidão. Ele vive nestas duas dimensões. Sabe que, enquanto caminha, pode pender mais para um que para outro lado. Como cristão, ele se decidiu pelo amor, pela comunhão, pela esperança, pela graça. Cristo nos mostrou como devemos viver nessa dimensão. Se nos mantivermos aí, seremos felizes já aqui e para sempre. Com isso não se quer bagatelizar a dramaticidade da existência humana. Porém, temos esperança:

"confiai, eu venci o mundo" (Jo 16,33). Ele nos disse, antes de nos deixar. Depois de Cristo não poderá haver mais drama, mas somente, como no mundo medieval, os autos sacramentais. E isso porque com Cristo entrou a esperança, a certeza da vitória e a convicção segura de que o amor é mais forte que a morte.

Se nós nos mantivermos abertos a todos, aos outros e a Deus e se buscarmos colocar o centro de nós mesmos fora de nós, então estamos seguros: a morte não nos fará nenhum mal e não haverá uma segunda morte. Já começamos a viver neste mundo o céu, entre perigos talvez, mas seguros de que estamos no caminho certo e já na casa paterna.

Referências

ANTOINE, P. Enfer. In: *Dictionnaire biblique*. [s.l.]: [s.e.] 2, p. 1.063-1.076 [Suppl.].

BARDY, G. I Padri della Chiesa di fronte ai problemi posti dall'inferno. In: *L'Inferno*. Brescia: [s.e.], 1953, p. 105-168.

BERGER, P. *Auf den Spuren der Engel.* Frankfurt: [s.e.], 1970, p. 95-100.

BETZ, O. Die Holle. In: *Die Eschatologie in der Glaubensunterweisung.* Würzburg: [s.e.], 1965, p. 217-238.

BETTENCOURT, E. *A vida que começa com a morte.* Rio de Janeiro: [s.e.], 1955, p. 99-116.

CARROUGES, M. Immagini de l'Inferno nella letteratura. In: *L'Inferno*. Brescia: [s.e.], 1953, p. 11-62.

CONGAR, Y. *Vaste monde ma paroisse.* Paris: [s.e.], 1966, p. 85-99.

DE GREEFF, E. L'enfer dans la condition humaine. In: *Magie des extrêmes.* Tournai: [s.e.], 1952, p. 17-55 [Etudes Carmélitaines].

GRÜTTERS, F. "Die Kathechese über die Hölle heute". *Catechetische Blätter* 86,1961, p. 533-545.

GUITTON, M. L'inferno e la mentalità contemporanea. In: *L'inferno*. Op. cit., p. 225-247.

LEWIS, C.S. *Die grosse Scheidung*. Colônia: [s.e.], 1955.

PANNETON, C.G. *L'enfer*. Paris: [s.e.], 1956.

RATZINGER, J. Hölle. *Lexikon für Theologie und Kirche* V, 448s.

REISNER, E. *Der Dämon und sein Bild*. Berlim: [s.e.], 1947.

RICHARD, M. Enfer. In: *Dictionnaire de Théologie Catholique*. [s.l.]: [s.e.], 5, p. 30-47.

ROGUET, A.M. Prêche-t-on suffisamment sur l'enfer? In: *Le Christ devant nous* (vários). Tournai: [s.e.], 1968, p. 141-148.

REMBERGER, F.X. Le problème du feu de l'enfer. In: *Le Christ devant nous*. Op. cit., p. 127-140.

SCHMAUS. M. *Von den letzten Dingen*. Ratisbona/Münster: [s.e.], 1948, p. 637-690.

VITALINI, S. La predicazione del mistero dell'inferno. In: *Scuola Cattolica*, 1971, p. 194-210.

Capítulo VII
O Anticristo está na história

Para entender, no seu significado profundo, o tema do Anticristo não basta o recurso aos textos bíblicos que dele falam, nem referir a macabra história do emprego do termo Anticristo pelo qual cristãos polemizavam entre si, papas contra imperadores, místicos perturbados contra hierarcas de maus costumes, Lutero contra Roma, Ocidente cristão contra o Oriente muçulmano etc.

1. "História bi-frons": Cristo e Anticristo

O tema do Anticristo é desmitologizado, caso for refletido no contexto geral da história da salvação que cobre toda a história. Toda a realidade, cósmica e humana, é estigmatizada por uma profunda ambiguidade: é história do bem e do mal, da mentira e da verdade, da alienação e da realização. Essa ambiguidade é tão profunda, que penetra a estrutura mais íntima de cada ser. Ela pode ser representada pela cabeça de Jano da mitologia romana, cabeça com duas faces: uma sorridente porque exprime a virtude, a graça, a jovialidade, e a outra cínica porque retrata o vício, o egoísmo e o orgulho. Esse paradoxo forma a história do joio e do trigo, como ensinava Jesus (Mt 13,24-43). E assim permanecerá até a consumação dos tempos. "Historia anceps, historia bi-frons", história com duas frontes, observava Santo Agostinho: uma da *civitas Dei*, outra da *civitas terrena* ou da *civitas diaboli*. "Perplexae quippe sunt istae duae civitates invicemque permixtae", como dizia numa genial formulação (*De civ. Dei*, 1,35; 11,1; 19,26): estas cidades são diferentes, mas uma se interpermeia na outra. O mistério da iniquidade (2Ts 2,7) cresce junto com o mistério da piedade (1Tm 3,16). O processo histórico constitui o embate destas duas dimensões duma mesma realidade. É confrontamento entre Cristo e Anticristo.

Para compreendermos isso exatamente, não devemos logo personalizar ou hipostasiar o Cristo e o Anticristo. Cristo é uma dimensão, um título, um nome para indigitar uma realidade histórica. Significa a história do amor no mundo, desde seus primórdios até sua culminância escatológica e definitiva em Jesus de Nazaré.

A dimensão-Cristo se realiza sempre que se vive o amor-doação, se instaura a justiça, triunfa a verdade e se estabelece comunhão com Deus, em qualquer âmbito do tempo e do espaço. Jesus de Nazaré foi aquela pessoa histórica que viveu com tal radicalidade a dimensão-Cristo, a ponto de se identificar com ela. Ela tornou-se seu nome próprio. Por isso professamos que Jesus de Nazaré é o Cristo.

Esta compreensão do Cristo nos faz entender o que significa o Anticristo. Não se trata, primeiramente, de uma pessoa, mas de uma atmosfera oposta à atmosfera-Cristo. É a história do ódio no mundo. Sempre que se instaura vontade de poder, organiza-se a divisão e comanda o egoísmo, aí se concretiza a dimensão-Anticristo, na vasta dimensão do ontem e do hoje, do aqui e do ali. Essa dimensão-Anticristo pode se encarnar em pessoas más, em estruturas injustas e em sistemas inumanos. Enquanto estamos peregrinando, envoltos na ambiguidade do *simul iustus et peccator*, todos somos, em maior ou menor proporção, Cristo e Anticristo.

2. O mistério da iniquidade: o Anticristo

O Anticristo é a articulação do mal na história. A Bíblia chama-o simplesmente de mistério da iniquidade (2Ts 2,7). O pecado interpenetra todas as dimensões da realidade. O pecado não reside tanto no gozo do prazer ilícito. Nem está somente na ofensa a leis ou a mandamentos. Mas sua raiz consiste na vontade de poder do homem que se quer autoafirmar e intenta posicionar-se a si mesmo. O estatuto ontológico e criacional do homem é constituído pela sua permanente referência a Deus. Por isso não pode posicionar-se e fazer-se a si mesmo o ponto de referência de suas relações. Ele é enviado do mistério de Deus. Vive na vigência do vigor de Deus que lhe concede poder saber, poder domesticar, poder falar, poder articular a realidade, mas escapa ao seu poder a força, em virtude da qual tudo pode. Até o mal que faz, fá-lo no vigor enviado do mistério de Deus.

A dimensão Anticristo resulta da vontade do homem de concorrer com Deus e dizer: na minha própria força eu me decido, vivo e construo. Serei como Deus. Do momento que a realidade depender do homem e ele se fizer o centro de tudo, então surgirá a *hybris* e o orgulho. A vontade de poder gera a busca da certeza; a busca da certeza cria a segurança; a segurança origina a repressão; a repressão causa a injustiça e a injustiça fecunda todas as formas de divisões e de violências, de rebeldias e de inumanidades. Esse autoasseguramento do homem – esquecido de sua imbricação com Deus, mesmo no ato de negar a Deus – pode articular-se no nível pessoal. Então surge o egoísmo, a inveja, o orgulho, o fanatismo de quem crê possuir em si os critérios de julgar os outros, o farisaísmo de quem se escandaliza pelos desconcertos do mundo porque não percebe que esses desconcertos estão nele mesmo e constituem uma dimensão de sua própria realidade, por ele recalcada e não aceita de forma integradora. Esse autoasseguramento pode concretizar-se societariamente. Então irrompem virulentas ideologias totalitárias. A raça é proclamada como absoluto. O lucro é comemorado como determinante. A técnica é celebrada como salvadora. O proletariado é saudado como Messias. A libido é entronizada como a explicadora absoluta do dinamismo psíquico. O poder do mais forte é estatuído como critério das relações entre os povos. A segurança é imposta como o preço do desenvolvimento. Essas ideologias possuem seus sacerdotes e seus profetas. Encarnam-se em pessoas históricas que as assumem e as proclamam. Conseguem gerar toda uma estruturação social e fundar uma história própria.

Esse mesmo asseguramento se corporifica também na religião. Aparece, então, não a busca da verdade que é Deus, mas da certeza que idolatra um sistema de proposições dogmáticas e canônicas. Esquece-se que o mistério não se deixa captar. Ele se subtrai em todas as fórmulas e se vela em cada re-velação. Por isso não pode ser manipulado em função de interesses religiosos ou eclesiásticos. Se a religião fez o bem melhor e é o lugar onde o mistério mais diafanamente se patenteia, contudo, quando manipulada e degradada a instrumento de poder, faz o mal pior, o fanatismo mais tirânico e o ódio mais peçonhento.

Tudo isso forma a atmosfera do Anticristo na história. Opõe-se radicalmente à dimensão-Cristo. Ambos crescem juntos. Coexistem em cada homem e em cada situação social e humana. A própria Igreja é, na linguagem do donatista Ticônio, contemporâneo de Santo Agostinho, linguagem essa retomada por outros Padres da Igreja, um *corpus bipertitum* (corpo bipartido), um *corpus mixtum*. Ela possui dois lados, como todo corpo, um direito e outro esquerdo. Ela é Cristo e Anticristo, Jerusalém pura e Babilônia adúltera, *casta meretrix*, como o dizia Agostinho, em linguagem forte, ou ela é negra e formosa, nas palavras do Cântico dos Cânticos (1,5) aplicadas à Igreja. Ela é Cristo porque nela mora a graça, vigora a salvação e está presente o Ressuscitado. Mas aparece também como Anticristo enquanto nela vivem pecadores, estagnam-se estruturas de poder em vez de serviço e campeia a leitura dogmática do direito canônico e a leitura canônica dos dogmas. Isso significa que nela também cresce o Anticristo até o momento da grande *discessio* (cisão e separação) quando acontecer a definitiva *revelatio* e parusia de Cristo. A própria função do papado não escapa deste profundo paradoxo, já presente na figura de Pedro. Ele é pedra de Deus sobre a qual se constrói a Igreja (Mt 18,18) e ao mesmo tempo escândalo, "satanás" (Mc 8,33) que se opõe aos desígnios de Deus. Esse aspecto nos foi modernamente recordado com incomum clareza pelo grande teólogo católico Josef Ratzinger (*Das neue Volk, Gottes*. Düsserldorf, 1970, p. 259).

A fé realista e forte sabe manter essa tensão entre Cristo e Anticristo. Essa é a condição do *homo viator* até o termo de sua caminhada. Essa ambiguidade inevitável o torna humilde, de tudo esperar da graça de Deus e de manter sob permanente crítica as forças que se manifestam na história na sua atual situação decadente. Urge identificar, concretamente, o joio e o Anticristo semeado na seara do trigo bom e do Cristo.

3. O Anticristo no Novo Testamento: "veio dos nossos, mas não era dos nossos"

Se o Anticristo constitui uma atmosfera de orgulho e autoasseguramento do homem contra Deus, que se instaurou na história, então ela recrudescerá em intensidade quanto mais se avizinhar o termo do mundo. Era o que pensava a comunidade primitiva. Eclodirá uma grande apostasia da fé e arrefecerá desastrosamente a caridade (Mt 24,12; Lc 18,8; 2Ts 2,3). Essa atmosfera terá seus representantes que falsamente se apresentarão como Cristos e como profetas. E farão prodígios grandiosos (Mc 13,22; Mt 24,24). Muitos serão seduzidos, São João apresenta não apenas um, mas muitos Anticristos: "Filhinhos, esta é a última hora [...] já agora existe grande número de Anticristos; é o que nos diz que esta é a última hora, [...] mas não eram dos nossos" (1Jo 2,18-19). São Paulo vê o paroxismo do mistério da iniquidade quando "o Homem do Pecado, o Filho da Perdição e o Adversário" (2Ts 2,3-4) conhecer a sua *parusia* (2Ts 2,9). São João o denominará simplesmente de Anticristo (1Jo 2,18.22; 4,3; 2Jo 7). Sua característica própria que o faz, exatamente, Anticristo é o querer "erguer-se acima de tudo que se chama Deus ou for objeto de culto, até sentar-se no Templo de Deus, apresentando-se como Deus [...]" (2Ts 2,3ss.). Portanto, a vontade de poder e de autoposicionamento até à loucura do autoendeusamento instauram a essência do Anticristo.

Essa perspectiva vem terrificamente descrita por São João no Apocalipse. No capítulo treze, utilizando tradições pré-cristãs míticas, alusões à história contemporânea dos imperadores romanos e a mística dos números do Antigo Oriente, São João pinta o surgimento de duas bestas, uma do mar (Ap 13,1-8) e outra da terra (Ap 13,11-18). A besta surgida do mar (Império Romano) representa o poder político bestial e tirânico que se proclama a si mesmo como Deus. Não se trata do Estado em si, enquanto é poder a serviço da ordem deste mundo, mas da forma abusiva e absoluta do poder político que se autodiviniza como acontecera no Império Romano. Os imperadores se intitulavam a si mesmos de *divus*, *dominus ac deus*, deixavam-se chamar de *potens terrarum dominus* e eram saudados como *terrarum gloria* e *salus*. O poder quer adoração e total sujeição. Por isso ama o sangue e se prazenteia na guerra. Acumula triunfos. Apresenta-se como salvador. Adoram-no os habitantes da terra (Ap 13,8).

A segunda besta, surgida da terra, está a serviço do poder político: é seu empresário, chefe da propaganda e teólogo do Anticristo. Sua característica é o poder mágico-cúltico-religioso. Reveste-se da linguagem religiosa, pinta-se como o Cristo redivivo e faz milagres prodigiosos. Wladimir Soloviev, que viveu seus últimos anos *sub specie antichristi venturi* (1853-1900), chama-o, na sua célebre "Curta narração sobre o Anticristo", de *doctor honoris causa* de teologia (*Übermensch und Antichrist*. Friburgo, 1958, p. 100-133). Com sua grandiloquência e brilho consegue seduzir os homens para que adorem o poder político (Ap 13,14).

O Anticristo será uma personalidade individual ou uma instituição? Os textos do NT sugerem ambas as soluções. A atmosfera do mal e da rebeldia contra Deus produz um espírito de Anticristo que se articula em representações coletivas, diante das quais o indivíduo dificilmente pode se proteger. A história não é um processo impessoal. As forças coletivas, as ideologias de poder assumem corpo em personalidades individuais e históricas. Por isso o Anticristo pode ser ambas as coisas: tanto uma atmosfera como uma pessoa que a encarna ou em quem ela se encarna.

4. O Anticristo está na história: vigiai!

O Anticristo não se inscreve no futuro longínquo. Mas forma uma realidade do presente. Ele está em ação na manipulação do poder político e religioso; seu espírito vive nas injustiças universais de ordem estrutural; ele se imiscui nos projetos humanos mais bem-intencionados como egoísmo, vontade de autopromoção e instinto de discriminação. O Anticristo é uma realidade de cada homem, enquanto cada um é simultaneamente pecador e agraciado por Deus, des-centrado de Deus e centrado sobre si mesmo, teísta e ateísta. Por isso, precisamos vigiar e não nos deixar enganar pelo mal sob a espécie do bem. O tema do Anticristo nos vem recordar que nem tudo o que brilha é ouro, nem tudo o que é religioso vem de Deus e de sua graça.

O embate entre Cristo e Anticristo não é simplesmente a luta entre religião e irreligião. Do NT aprendemos que a religiosidade é uma das características do Anticristo: "veio dos nossos, embora não fosse dos nossos" (1Jo 2,19). A luta entre Cristo e Anticristo se opera entre a humildade de quem se sente sempre suportado pelo mistério de Deus e que por isso não pode jamais ser orgulhoso, nunca pode autoafirmar-se nem instaurar-se a si mesmo como medida para os outros, e entre a vontade de poder que se rebela contra Deus enquanto o homem se esquece de seu fundamento divino, fecha-se sobre si mesmo e estabelece um mundo, fundado em critérios impostos por esta sua vontade de poder. Então emerge uma humanidade na qual Deus foi afogado e a fé narcotizada. A consequência disso se manifesta na falta de jovialidade e na tragédia da morte de Deus no coração do homem. Quando a terra é proclamada como a última realidade, quando o poder do homem é decantado como o fator decisivo e de tudo determinante, então surgem utopias que prometem o céu e em seu lugar trazem o inferno, anunciam solidariedade e conseguem solitariedade, proclamam uma nova ordem e um novo mundo, mas não nos tiram o sabor amargo das coisas velhas e não nos tiram a ilusão da ordem na desordem.

A fé nos consola, dizendo: "Confiai, eu venci o mundo" (Jo 16,33); "com a manifestação de sua vinda, o Senhor Jesus aniquilará o iníquo com um sopro de sua boca" (2Ts 2,8).

Referências

BETZ, O. Der Antichrist, In: *Die Eschatologie in der Glaubensunterweisung.* Würzburg: [s.e.],1965, p. 291-292.

BETTENCOURT, E. *A vida que começa com a morte.* Rio de Janeiro: [s.e.], 1955, p. 169-173, p. 267-274.

DANIÉLOU, J. *O mistério da história.* São Paulo: [s.e.], 1968.

LÄPPLE, A. *A mensagem do Apocalipse para o nosso tempo.* São Paulo: [s.e.], 1971.

LOHSE, E. *Die Offenbarung des Johannes.* Gottingen: [s.e.], 1966, p. 73-78.

MARROU, H.I. *Théologie de l'histoire.* Paris: Du Seuil, [s.e.], 1968, p. 49-55.

RAHNER, K. et al. *Antichrist, Lexikon fur Théologie und Kirche* I, 1957, p. 634-638.

RIGAUX, B. *L'Antichrist.* Paris: [s.e.], 1932.

SCHLIER, H. L'Antichrist, In: *Le Temps de l'Eglise.* Casterman: [s.e.], 1961, p. 73-78.

SOLOWJEW, W. *Übermensch und Antichrist* – Uber das Ende der Weltgeschichte. Freiburg: [s.e.], 1958.

Capítulo VIII
O futuro do mundo: total cristificação e divinização

O que se dá com a vida humana dá-se também com o cosmos: não está destinado simplesmente a um fim como uma diluição ou como um regresso a formas primitivas de energia e de matéria. O cosmos todo, assim o crê a fé cristã, está chamado a uma total cristificação e divinização. Ele faz parte da própria "história" de Deus. Por isso ele é definitivamente imperecível. Evidentemente a atual forma de existência do cosmos, que possui uma história de milhões e milhões de anos, assim como começou irá também morrer. Irá conhecer um fim. Contudo, esse fim não é um fim-fim. Mas um fim-meta, fim como sinônimo de plenitude e culminância alcançada. Isto quer dizer: todos os dinamismos latentes do mundo, da matéria e da vida, todas as forças de ascensão, de organização e de expressão a que o mundo está capacitado chegarão um dia ao seu acabado desabrochar.

O mundo ainda não acabou de nascer. Ele está sendo feito. Há uma gestação cósmica da realidade futura do mundo e da matéria. A Palavra criadora de Deus ainda não foi pronunciada totalmente. Está sendo falada ainda. A frase do Gênesis: "[...] e viu Deus que tudo era bom" deve ser entendida não protologicamente, mas escatologicamente. Em outros termos: "e viu que tudo era bom" não é um predicado da criação no passado, mas da criação no futuro, quando ela chegar ao seu termo. Então o mundo será aquilo que Deus desde sempre e definitivamente quis.

O paraíso terrestre, no-lo mostrou muito bem Frei Carlos Mesters, na esteira das mais sérias interpretações exegéticas e também dogmáticas do relato bíblico, não é saudade de um passado perdido, mas promessa de um futuro por vir. O autor do Gênesis nos convida, com seu refrão "e viu Deus que tudo era bom", a ver o mundo com os olhos com os quais Deus mesmo vê o mundo. Deus vê o mundo a partir da eternidade; portanto, a partir da plenitude do mundo, como quando ele desembocar na sua meta totalmente alcançada.

Acostumar-se a ver o mundo com os olhos de Deus é iniciar-se na esperança e começar a viver de uma grande promessa. É poder presencializar o ato criador de Deus que não se esgotou no passado, mas que continua a ser feito ainda hoje. A nós é dado assistir ao milagre do ser, acompanhar como Deus cria, mantém e faz desenvolver todas as coisas. Sentimo-nos a caminho, longe, quem sabe, ainda da meta final. Mas nos é dado vislumbrá-la e torná-la presente pela esperança. Daí é que a fé cristã professa um invencível otimismo, porque se habituou a ver o mundo não considerando apenas seu passado e descrevendo seu presente – que podem ser pouco animadores –, mas considerando especialmente seu fim-meta em Deus.

1. O fim já presente no começo e no meio

O sentido radical do mundo proclamado pela fé cristã não emerge apenas no fim. No termo ele se manifestará plenamente. No processo longuíssimo, entretanto, ele se manifesta em formas históricas, sempre limitadas e imperfeitas.

Se olharmos para o caminho percorrido pela evolução perceberemos, sem necessidade de grandes mediações, que houve uma linha ascendente. É verdade que houve e continua havendo tateamentos, ramos da evolução que se bifurcaram, regrediram ou mirraram. Mas apesar disso se impôs uma linha ascendente: da cosmogênese emergiu a biogênese; da biogênese irrompeu a antropogênese; da antropogênese, para a fé cristã, estourou a cristogênese. O homem é, sem dúvida, o sucesso ridente de uma longa caminhada de bilhões e bilhões de anos de forças ativas que tendiam ascender e triunfar. Nele a matéria chegou à sua autoconsciência. E a autoconsciência despertou para a consciência do Absoluto. Num homem a autoconsciência chegou a identificar-se com o Absoluto e se chamou Jesus Cristo. Com isso, ao menos para o passado, podemos dizer: até aqui houve um sentido no meio do emaranhado confuso das forças em efervescência. A explicação *deste fato* inquestionável divide os espíritos e no fundo faz uma implicação de fé. Jacques Monod pode querer ver em tudo isso fruto do mais puro acaso e da mais férrea necessidade. Mas não pode negar o fato. Teilhard de Chardin e toda a tradição cristã decifram aqui com mais razão a presença misteriosa de um plano divino que vai, paulatinamente e em dores frementes de parto, concretizando-se ao longo das eras e ascendendo para sua verdadeira meta em Deus. Há confusões incompreensíveis pela razão analítica e ambiguidades profundas introduzidas pela pilotagem livre do homem que assumiu o processo ulterior da evolução. Mas o fim é bom, proclama gritando a fé cristã, e, desde que Jesus

Cristo ressuscitou dentre os mortos, ele está garantido para toda a realidade.

O fim já está presente no começo, quando o primeiro átomo criado começou a vibrar. Seu movimento não foi sem sentido. Tudo se mexe e caminha porque está em gestação um céu que começa aqui embaixo e vai crescendo e se expandindo até terminar de nascer, na consumação dos tempos. Em vez de falarmos em fim do mundo, deveríamos, pois, falar em futuro do mundo.

2. Qual é o futuro do cosmos?

Já refletimos sobre o futuro do homem, ao falarmos do céu como a absoluta realização humana. Aí vimos que o homem não está simplesmente destinado à ressurreição da carne e a uma vida feliz no convívio divino. O homem é chamado a algo maior, isto é, a ser assumido por Deus de tal forma, que à semelhança de Jesus Cristo, Deus-Homem, Deus seja tudo em todas as coisas e forme com o homem uma unidade inconfundível, imutável, indivisível e inseparável.

O cosmos está consagrado a participar desta divinização e cristificação. Primeiramente o cosmos (a matéria e a vida infra-humana) é a expressão de Deus Criador. Enquanto é expressão de Deus representa sua revelação. Por isso com razão dizíamos que o cosmos pertence à "história" de Deus.

Em poucas palavras: Deus, fonte infinita e sem origem, conhece uma "história" e um processo, chamado de processo trinitário. Deus-Pai se expressa e se revela totalmente e se chama então Filho. Pai e Filho se comunicam mutuamente e juntos se expressam no Espírito Santo. Ao se expressar totalmente no Filho Deus-Pai se expressa também através do infinito número de seres finitos. A criação, pois, insere-se no próprio processo de autoexpressão de Deus. Por isso ela não é alheia a Deus, nem Deus e criatura estão um frente ao outro, mas um dentro do outro. Em razão disto o mundo possui um significado em si, independente do homem, como revelação e expressão de Deus para Deus mesmo. A multiplicidade dos seres configuram a multiplicidade das facetas de Deus. Cada qual revela perspectivas novas do mesmo e único mistério. Dentro do processo evolutivo, o cosmos revela Deus em formas que podem ser sempre aperfeiçoadas. O mundo não deu ainda tudo o que pode dar.

O futuro do mundo consiste em ele poder revelar Deus de forma perfeita e transparente. Assim como os sons bucais podem exprimir uma voz humana e a voz humana os sentimentos mais profundos e as músicas mais sublimes, de forma semelhante acontece com a matéria: ela, quando atingir sua meta, irá exprimir Deus na medida máxima que cada ser material comporta dentro de sua estrutura material. Deus por sua vez penetrará todos e cada um dos seres de tal forma que Ele será, na expressão de São Paulo, "tudo em todas as coisas" (1Cor 15,28). O futuro do mundo consiste em ele poder tornar-se "o corpo de Deus". Isso significa que as limitações do processo evolutivo, as doenças, as deformações, desaparecerão para darem lugar à total divinização.

Há um aspecto ainda a relevar: na consumação e na revelação do futuro do mundo cada realidade revelará seu caráter crístico e filial.

O Filho é a expressão cabal de Deus. É no Filho e à sua semelhança que todas as demais expressões foram criadas. Jesus Cristo é o Filho encarnado. Ele revelou o caráter filial de todas as coisas, especialmente de cada homem. "Ainda não se manifestou o que seremos" (1Jo 3,2), e "no presente, é verdade, não vemos que tudo esteja submetido a Cristo" (Hb 2,8). Na meta alcançada nos é dado ver e gozar a ligação íntima que tudo possui com o Filho eterno e encarnado, de tal forma que também Ele será "tudo em todas as coisas" (Cl 3,11).

3. Um modelo antecipado do fim: Jesus Cristo ressuscitado

Em Jesus Cristo ressuscitado temos um modelo que nos permite vislumbrar a realidade futura da matéria. Seu corpo material foi pela ressurreição transfigurado. Não deixou de ser corpo e por isso uma porção de matéria. Mas essa matéria é de tal forma penetrada por Deus e pela vida eterna que revela maximamente Deus, e com isso manifesta capacidades latentes na matéria que agora são plenamente realizadas: tudo é glória, luz e comunhão, presença, transparência, ubiquidade cósmica. A matéria não é mais princípio de limitação, de peso e de opacidade, mas total expressão do sentido, excarnação do espírito e princípio de comunhão e presença total. É por isso que o Novo Testamento chama a Jesus Cristo ressuscitado de homem escatológico (1Cor 15,45; Rm 5,14), o fim e o ômega da história já presente no meio do mundo (Ap 1,18; 21,6).

4. Quando se alcançará a meta final?

O Novo Testamento é unânime em afirmar: quando se der a vinda de Cristo (parusia: Mt 24,3; 2Ts 1,7; Mc 13,26). Ora, Cristo já apareceu. Por isso, ensina o Concílio Vaticano II, "a prometida restauração que esperamos já começou" (*Lumen Gentium* 48/129). Com efeito, pela encarnação, Deus assumiu o mundo e a matéria; diretamente na realidade humana, espiritual e corporal de Jesus de Nazaré; e indiretamente assumiu tudo porque o homem, intimamente ligado ao cosmos, resume em si todas as formas anteriores do ser e por ele a evolução chega a uma meta irreversível (cf. *Gaudium et Spes* 12/235). Em Jesus Cristo Deus mesmo tocou e entrou no processo de evolução ascendente. Com isso levou alguém de nós, Jesus de Nazaré, à meta final, divinizando-o e sendo nele "Deus tudo em tudo" (1Cor 15,28).

Se a encarnação se limitava a uma porção do cosmos – a realidade humana de Jesus de Nazaré –, a ressurreição expandiu a ação encarnatória de Deus numa dimensão cósmica. Jesus Cristo ressuscitado está acima do espaço e do tempo. Seu corpo ressuscitado está presente a todas as coisas, penetra toda a realidade criada. São Paulo nos diz que agora o Senhor ressuscitado vive na forma de Espírito (2Cor 3,17). Com isso ele queria ensinar: nada limita Jesus Cristo ressuscitado. Assim como o Espírito age na natureza, nas plantas, nos animais, onde quer que haja vida e movimento, tudo penetra, unifica e vivifica, da mesma forma age, está presente e se comunica o Senhor ressuscitado. Ele é a cabeça de cada um dos seres (Ef 1,10), a plenitude cósmica (Ef 1,23; Cl 1,19) em quem tudo possui sua existência e consistência (Cl 1,16-17). Ele está fermentando dentro de toda a realidade, conduzindo-a ao seu futuro que é semelhante ao futuro de Jesus Cristo: total realização e revelação da bondade e da divindade das coisas. "Bem sabemos que a criação inteira, em conjunto, geme até agora, suspirando com dores de parto. Mas não somente ela, senão também nós mesmos que possuímos as primícias do Espírito gememos em nosso interior, esperando a filiação adotiva e a redenção de nosso corpo" (Rm 8,22).

Já agora, pois, está em processo a total finalização do mundo; o fim já está presente, entre ambiguidades, mas atuante e real.

A consumação e advento do futuro acabado do mundo se completará quando o Cristo, que já veio, aparecer "em grande poder e glória" (Mc 13,26). Então cairão todas as ambiguidades que estigmatizam o mundo presente. O bem e o mal, o perfeito e o imperfeito, o autêntico e o falso serão, enfim, separados um do outro quando aqui sempre e sempre caminhavam juntos. Então emergirá o novo céu e a nova terra. Deus não substitui o velho pelo novo. Faz do velho novo.

A nova e derradeira manifestação de Cristo não deve ser representada como algo que vem de fora, dentro de uma catástrofe cósmica. Mas como um irromper daquilo que já estava presente e atuante dentro do mundo. A vinda de Cristo (parusia) constitui realmente uma *epifania* (aparição, manifestação), isto é, a emergência de sua presença atuante neste mundo, mas invisível (cf. 1Jo 3,2). O fim do mundo se dará quando se manifestar a completa e transparente visibilização da ação de Cristo dentro do mundo humano e cósmico. Quando isso se der, então terá acabado também a função unitiva e redentora de Cristo cósmico: *et tunc erit finis*, o mundo implodira e explodirá para dentro de sua verdadeira meta.

5. O que Cristo ensinou sobre o fim do mundo?

Quando se dará a total manifestação do Jesus ressuscitado com o consequente fim desta forma do mundo e com o início do mundo renovado? Os apóstolos perguntaram-no diretamente a Cristo (Mt 24,3; Mc 13,4; Lc 21,7). Sua resposta é para nós desconcertante e paradoxal: por um lado dá claramente a entender que Ele mesmo desconhece o momento do irromper do fim; por outro, não deixa dúvidas que será em breve, no tempo de seus contemporâneos. "Quanto a esse dia ou a essa hora, ninguém a conhece, nem os anjos do céu, nem o Filho, senão o Pai" (Mc 13,32). O texto fala por si: Cristo desconhece o momento temporal da vinda da reviravolta total de todas as coisas. Três outros textos, contudo, enfatizam sua proximidade: "Em verdade vos digo que não passará esta geração antes que todas essas coisas (sinais do fim do mundo: guerras, perseguições, surgimento do Anticristo) aconteçam" (Mc 13,30).

A seguinte frase de Cristo é: "Em verdade vos digo que há alguns dos aqui presentes que não provarão a morte até que vejam vir em poder o Reino de Deus" (Mc 9,1).

A terceira afirmação diz: "Quando vos perseguirem numa cidade, fugi para outra; em verdade vos digo que não acabareis de percorrer as cidades de Israel antes que venha o Filho do Homem" (Mt 10,23).

Esses ditos de Jesus contrapostos com o outro acerca do desconhecimento do momento final constituem uma verdadeira cruz para os exegetas e dogmáticos. Os textos em si são claros. Alguns intérpretes não receiam em dizer como, por exemplo, W.G. Kümmel: "Não cabe a menor dúvida de que esta pregação de Jesus não se cumpriu. É impossível afirmar que Jesus não se equivocou nesta questão. Longe disso, temos que confessar francamente que a pregação escatológica de Jesus, pelo menos nesse ponto, ficou presa a uma forma condicionada pela época: forma que, posteriormente pela evolução feita pelo cristianismo primitivo, demonstrou ser insustentável" (*Verheissung und Erfüllung*, p. 141).

Frente às consequências que tal equívoco de Jesus implicaria para a sua consciência messiânica, para a sua divindade e enfim para toda a cristologia, outros teólogos preferem abster-se de qualquer juízo e constatam apenas a tensão entre os textos, como por exemplo faz o grande exegeta católico R. Schnackenburg: "Não foi possível trazer luz sobre esses ditos. Parece que a Igreja primitiva não soube também integrar essas difíceis peças da tradição no conjunto da pregação escatológica de Jesus. Talvez a Igreja primitiva com seu comportamento nos esteja indicando qual é o melhor caminho: alimentar uma viva esperança escatológica baseando-se na vigorosa pregação profética de Jesus e não tirar de determinados ditos isolados de Jesus conclusões falsas sobre sua pregação. A Igreja primitiva não aceitou que Jesus se tenha enganado. Tampouco nós poderemos fazê-lo, caso nos mantivermos criticamente conscientes da situação total da tradição e nos dermos conta da índole, do sentido e da meta da pregação de Jesus" (*Gottes Herrschaft und Reich*, p. 146-147).

Apesar dessa abstinência louvável, mas no fundo cética, podemos, a partir de uma bem-compreendida e fundamentada cristologia, como o tentamos realizar em nosso estudo *Jesus Cristo libertador*, dizer o seguinte: Jesus, Deus-Encarnado, participou *realmente* de nossa condição humana; teve um crescimento no saber e em toda sua realidade humana (cf. Lc 2,52); foi tentado realmente, teve fé e foi a maior testemunha da fé (Hb 12,2); participou também da cosmovisão cultural da época, que era a apocalíptica.

Nela se esperava o fim do mundo como iminente. Por um lado, Jesus não sabia, como outro qualquer homem, "o dia e a hora" (Mc 13,32a). Por outro, como seus contemporâneos e na linguagem deles, esperava o irromper salvífico de Deus para breve. Que isso não tenha acontecido não é um erro. É apenas um equívoco, implicado no próprio processo da encarnação que deve ser compreendida não docetisticamente (como se ela fosse apenas aparente ou meramente abstrata, assumindo uma natureza humana em abstrato), mas realmente. Deus assumiu um homem concreto e não uma natureza abstrata; um homem dentro de uma cultura, com um tipo de consciência nacional, com categorias de expressão culturalmente condicionadas. Foi nessa humanidade concreta e não apesar dela que Deus se manifestou.

Assim como o Menino Jesus, Deus-menino, certamente deveu aprender a ler e a escrever e sem dúvida, como todo menino humano normal, tenha se enganado no ler e escrever, de forma semelhante aqui: participou do equívoco de toda sua geração. Contudo, e isso as palavras escatológicas de Cristo deixam claro: o importante não é saber a hora e o dia (o equívoco), mas vigiar e estar preparados (Mc

13,5.23.33 par) e ter a certeza inarredável: Vós não estais abandonados. Eu sou o mais forte e vos salvarei, exatamente no momento em que tudo parece estar perdido. Minha vinda é para a salvação e para a glória (cf. Lc 21,28).

A Igreja primitiva participou da expectativa de Cristo e aguardava também o fim iminente. Especialmente clara é essa ideia em São Paulo (1Ts 4,17; 2Cor 4,12; 5,3-4), mas também em São Pedro (1Pd 4,7; 2Pd 3,8ss.). Com a protelação da parusia a expectativa foi arrefecendo. A Igreja teve que se organizar para poder enfrentar a missão e penetrar na história que se lhe abria; dentro desta perspectiva de desescatologização surgiram os principais ministérios, uma compreensão nova dos sacramentos, escreveram-se os evangelhos, enfim a Igreja começou a aparecer como uma grandeza histórica. Tudo isso só foi possível porque o fim não veio e os homens apostólicos viram nisso o desígnio de Deus: a história continua; será o tempo da Igreja e da missão e da chance de conversão para os homens; a história será, para os cristãos, o tempo da articulação e da vivência do ser novo trazido por Cristo com a possibilidade de criação de um novo tipo de humanismo.

A protelação da parusia (vinda de Cristo e meta do mundo) trouxe sem dúvida uma certa decepção em muitos cristãos do século I. Ecos disso se encontram na segunda carta de São Pedro onde cristãos, entre decepcionados e zombadores, perguntavam: "Onde está a promessa da vinda do Senhor? Porque, desde que morreram os pais, tudo permanece igual desde o princípio da criação" (2Pd 3,4). São Pedro consola-os fazendo a seguinte reflexão teológica, válida ainda hoje e que retrata já a consciência da protelação da parusia: "De uma coisa não vos esqueçais, caríssimos: diante de Deus um só dia é como mil anos e mil anos como um só dia. Deus não retarda a promessa como alguns creem; mas com longanimidade vos aguarda, não querendo que ninguém pereça, senão que todos venham à penitência. Porém, o dia do Senhor virá como um ladrão" (2Pd 3,8-10). Pedro se coloca na mesma situação de Jesus: ninguém senão o Pai conhece o momento e a hora (Mc 13,32); contudo, o fim virá quando menos se espera (Mt 24,43-44 par; 1Ts 5,2-4; 2Pd 3,10; Ap 3,33; 16,15).

6. Conclusão: o cristão é um permanente "paroquiano"

O tempo de agora é um tempo de entre-tempo, do já e do ainda-não, entre a fé no futuro presente, mas ainda não totalmente realizado e a esperança de que ele enfim se manifeste com toda a patência.

Na primeira pregação missionária Paulo definia os cristãos como aqueles que se converteram dos ídolos e que "esperam dos céus o seu Filho Jesus" (1Ts 1,9-10), ou ainda: o cristão é aquele "que ama a vinda do Senhor" (2Tm 4,8). O cristão compara-se com a esposa que na ausência do esposo anela ardentemente sua volta (Ap 22,17-20).

Porque o essencial já se realizou, o cristão deveria ser alguém de extrema jovialidade, bom humor e alegria cordial. O horizonte está desanuviado. Os monstros que engoliam nosso futuro foram banidos. O fim-meta está garantido. Podemos celebrar e festejar antecipadamente a vitória do sentido sobre o absurdo e da graça sobre o pecado.

Pessimismo, profetas de mau agouro, lamúrias, humor negro, irritabilidade e fanatismo conservador, tão presentes em alguns setores da Igreja de hoje, são sintomas de falta de substância cristã. É um contratestemunho da esperança que mora nos que creem. Aí se revela a deformação da fé transformada numa ideologia que quer poder e que desrespeita os valores em nome dos quais quer combater.

O verdadeiro cristão tem o rosto voltado para o futuro, donde virá aquele que já veio. Ele espera na alegria de quem sabe: Ele vem e vem em breve. Com infinita saudade o exprimia a Igreja primitiva com uma palavra aramaica que passou para o mundo grego sem alteração: Maranatha: Sim, vem, Senhor Jesus (1Cor 16,22; Ap 22,20; Didaqué 10,6).

São Clemente Romano († 96) chama os cristãos de *paroichoi*, paroquianos. Paroquianos eram, para o mundo grego e romano, aqueles estranhos que passavam por algum território, aí se detinham um pouco para em seguida prosseguirem sua caminhada. O cristão sente-se estrangeiro que mora numa terra estranha (Fl 3,20) porque ele já viu a pátria verdadeira e degustou das forças do mundo futuro (Hb 6,5). Por isso ele vive uma nova realidade já dentro da velha.

Como o dizia excelentemente a Carta a Diogneto por volta do ano 190 de nossa era: "Os cristãos vivem nas suas próprias pátrias, mas como forasteiros; cumprem todos os seus deveres de cidadãos e suportam tudo como estrangeiros. Toda terra estrangeira é para eles uma pátria e toda a pátria uma terra estrangeira [...] Estão na carne, mas não vivem segundo a carne. Passam a vida na terra, mas são cidadãos do céu. É tão nobre o posto que Deus lhes destinou que não lhes é permitido desertar".

Referências

BETTENCOURT, E. *A vida que começa com a morte*. Rio de Janeiro: [s.e.], 1955, p. 155-196.

BETZ, O. Das Ende der Geschichte. In: *Die Eschatologie in der Glaubensunterweisung*. Würzburg: [s.e.], 1965, p. 285-319.

BIETENHARD, H. *Die himmlische Welt im Urchristentum und Spätjudentum*. Tübingen: [s.e.], 1955.

BOFF, L. *Jesus Cristo Libertador*. Petrópolis: Vozes, 1972.

BOROS, L. Le nouveau ciel et la nouvelle terre. In: *Le Christ devant nous*. Tournai: [s.e.], 1968, p. 23-36.

CONGAR, Y. Retour et venues du Seigneur. In: *Vaste monde, ma paroisse*. Paris: [s.e.], 1966, p. 179-194.

CULLMANN, O. *Le retour du Christ* – Espérance de l'Eglise selon le Nouveau Testament. Neuchatel/Paris: [s.e.], 1948.

KNOCH, O. Was sagt das Neue Testament über Ende und Vollendung der Welt? In: *Glaube, Wissenschaft, Zukunft*. Munique: [s.e.], 1967, p. 111-134 [Katholischer Deutscher Akademikertag].

_____. "Die eschatologische Frage, ihre Entwicklung und ihr gegenwärtiger Stand". *Biblische Zeitschrift* 6, 1962, p. 112-120.

KÜMMEL, W.G. *Verheissung und Erfüllung* – Untersuchungen zur eschatologischen Verkündigung Jesu. Zurique: [s.e.], 1956.

MOLTMANN, J. *Der gekreuzigte Gott*. Munique: [s.e.], 1972.

_____. *Teologia da Esperança*. São Paulo: Herder, 1971.

MUSSNER, F. Le Christ et la fin du monde. In: *Le Christ devant nous*. Tournai: [s.e.], 1968, p. 7-22.

POZO, C. Escatologia. *Verbo*, Enciclopédia Luso-Brasileira de Cultura, 7, p. 866-870.

RAHNER, K. "Die Frage nach der Zukunft". *Schriften zur Theologie* IX. Einsiedeln, 1970, p. 519-540.

_____. "Über die theologische Problematik der Neuen Erde". *Schriften zur Theologie* VIII. Einsiedeln, 1967, p. 580-592.

RONDET, H. *Fins do homem e fim do mundo.* São Paulo: [s.e.], 1968, p. 137-164.

SAUTER, G. *Hoffnung und Erwartung.* Munique: [s.e.], 1972.

_____. *Zukunft und Verheissung.* Zurique/Stuttgart: [s.e.], 1965.

SCHNACKENBURG, R. *Gottes Herrschaft und Reich.* Freiburg: Herder, 1961.

SEMANA BÍBLICA ESPAÑOLA (XIV). *Valoración sobrenatural del cosmos.* Madri, 1954.

TRILLING, W. Que enseñó Jesús acerca del fin del mundo? In: *Jesús y los problemas de su historicidad.* Barcelona: [s.e.], 1970, p. 126-147.

TROISFONTAINES, R. *J'entre dans la vie.* Paris: [s.e.], 1963.

VOLK, R. *Christ und Welt nach dem Neuen Testament.* Würzburg: [s.e.], 1961.

Capítulo IX
Como será o fim: catástrofe ou plenitude?

Talvez nunca um tema se tenha prestado tanto à fantasia, às projeções mirabolantes e às manifestações arquetípicas do inconsciente do que esse: Como será o fim do mundo? Por isso, como em nenhum outro tema, devemos aplicar aqui o processo de desmitização.

1. O que é escatologia e o que é apocalíptica?

Urge saber distinguir claramente qual é a mensagem intencionada e qual é representação cultural dessa mensagem. Faz-se mister, como já o fizemos anteriormente, discernir entre escatologia e apocalíptica. A escatologia (os fins derradeiros do homem) fala do presente em função do futuro; experimentamos aqui o bem, a graça etc., em forma imperfeita. Céu é a realidade já vislumbrada imperfeitamente existindo, porém de forma plena e acabada. A apocalíptica fala a partir do futuro em função do presente. É um gênero literário como nossos romances futuristas. A apocalíptica nos representa fantasiosamente o futuro: descreve-o com pinceladas fortes para consolar os fiéis no presente ou para lhes comunicar uma verdade escatológica, como o céu ou o inferno ou o juízo ou o purgatório, dentro de uma roupagem impressionante, para levar à conversão ou à seriedade da vida.

No Novo Testamento as verdades escatológicas (a morte, o juízo, a vinda de Cristo, a ressurreição dos mortos etc.) são descritas dentro do gênero literário apocalíptico. E próprio do gênero literário apocalíptico, dentro e fora da Bíblia, descrever o futuro e os eventos salvíficos em termos de catástrofes cósmicas, de guerras, fomes, lutas renhidas entre monstros, numa bizarra linguagem esotérica. É um gênero próximo ao gênero literário da ficção científica ou dos super-heróis. No gênero apocalíptico se mostra sempre como o bem triunfa, e como Deus é senhor da história, destruindo com apenas um sopro de sua boca todos os inimigos dos homens e de Deus.

Os textos apocalípticos no Novo Testamento, nos Sinóticos e no Apocalipse de São João, não visam fazer uma reportagem antecipada dos últimos dias do mundo. Eles querem ser textos de consolação para a Igreja em suas tribulações. Ela será salva. Como? Pela vinda do Senhor em poder e glória.

A exegese católica e protestante nos ensina hoje que os atuais textos sobre o fim do mundo nos Sinóticos e no Apocalipse foram reunidos e elaborados coerentemente quando a Igreja passava pela terrível perseguição de Nero (54-68: para os Sinóticos) e mais tarde na perseguição de Domiciano (69-79: para o Apocalipse), com o fito de colocar nas mãos dos cristãos um livro de consolação: "cobrai ânimo e levantai vossas cabeças, porque se aproxima a vossa libertação" (Lc 21,28). Esses textos não precisam ser tomados ao pé da letra, como textos proféticos acerca de como será o fim do mundo. Como escreve um bom exegeta católico, W. Trilling: "Aqui devemos aplicar as leis dos gêneros literários como nos demais textos bíblicos. Hoje todo mundo sabe e admite que os sete dias da semana da criação não significam sete dias da semana no sentido como nós o entendemos, senão que constituem um esquema literário com um determinado sentido teológico. O mesmo se deve dizer, correlatamente, quando "se descrevem" os acontecimentos do fim do mundo, com o escurecimento dos astros, a comoção dos poderes celestes, o sinal do Filho do Homem, o som da trombeta e o agrupamento dos escolhidos que afluem dos quatro ventos (cf. Mc 13,24-27; Mt 24,29-31). A concepção, subjacente em toda essa passagem, depende tanto da concepção antiga do mundo como dependia no relato da criação de Gênesis 1. A descrição, porém, dos distintos fenômenos, tem a clara finalidade de pôr em relevo que, ao alvorecer o Reino de Deus, o mundo todo será plasmado de novo: de maneira semelhante com a criação do mundo, onde a intenção é comunicar que o mundo todo havia sido criado por Deus. As formas literárias que se costumava empregar para tais descrições eram conhecidas e usuais na época de Jesus" (*Jesús y los problemas de su historicidad*, p. 129).

Em vista disso não devemos hoje cometer os erros que gerações inteiras no passado cometeram: tomavam os textos apocalípticos ao pé da letra, como reportagem antecipada do futuro. Quase cada geração pretendia ver nas guerras e catástrofes contemporâneas os sinais precursores do fim. São Jerônimo via na queda do Império Romano o sinal do fim próximo (Epístola 123, 15-17; PL 22, p. 1.057-1.058). O Papa São Gregório comparava Roma a uma águia depenada e lia nos cataclismos naturais da época o sinal do fim (*Hom. in Evang.* I, 5: PL 76, p. 1.080-1.081). Ainda hoje proliferam os profetas de mau agouro. Os jornais relatam suas profecias apocalípticas. Contudo, a história continua zombando das fantasias humanas, embora religiosas e às vezes vindas de pessoas santas.

2. O modelo de representação apocalíptico

As representações do futuro do mundo e da total manifestação de Cristo e de Deus são inevitáveis. Ao representarmo-nos concretamente tal fato da fé, utilizamos nossa compreensão do mundo que pode ser mítica, científica ou qualquer outra. O importante é darmo-nos conta de que as "descrições" são imagens e representações e não a própria realidade, mas de fato representações, sempre condicionadas pela cosmovisão da época. Por isso as imagens variam de época em época. Assim, por exemplo, o Novo Testamento representa o futuro do mundo dentro das imagens apocalípticas, comuns do tempo. A vinda de Cristo é comparada a uma entrada solene de um imperador romano numa cidade (chamada parusia: Mt 24,3.37.39; 1Cor 15,23; 1Ts 2,19; 3,13; 4,15; 5,23; 2Ts 2,1.8-9; 1Jo 2,28 etc.). Ou é representada como o Filho do Homem de Dn 7, vindo sobre as nuvens, com todos os seus anjos, para sentar-se em seu trono de glória a fim de julgar todas as nações (Mt 25,31). As nuvens simbolizam a proximidade de Deus, e o trono a glória e o poder divinos. Aqui não devemos procurar descrições de fatos futuros, mas, por símbolos, visa-se comunicar a verdade: o Senhor aparecerá não humilde como de sua primeira vinda, mas em glória para pôr termo e elevar ao termo a história.

A interpretação exegética do texto: "naqueles dias [...] o sol escurecer-se-á, a lua não dará seu brilho e as estrelas cairão do céu e as potências do céu se abalarão" (Mc 13,24-25 par) é a seguinte: não se pensa aqui numa aniquilação do mundo; mas, quando Cristo aparecer, até aquilo que parece estável e seguro (os fundamentos do mundo) será abalado. A luz da glória do Filho do Homem é de tal intensidade que as luzes do sol e da lua perdem seu brilho. Ademais, a vinda de Cristo implicará uma separação entre o bem e o mal; significará uma derradeira crise-juízo-final. Já no Antigo Testamento o juízo de Deus era representado por uma convulsão dos astros: assim o juízo de Deus sobre Babilônia (Is 13,9-10), sobre Israel (Am 7,9: o sol se porá ao meio-dia e a terra ficará coberta de trevas) ou sobre Edom (Is 34,4: as estrelas serão reduzidas a pó e cairão como as folhas da videira e da figueira). O sentido é metafórico: quando o mais forte vem (Cristo), o forte não tem mais resistência e subsistência.

Paulo, que pouco uso fez da linguagem apocalíptica, não fala de nenhuma catástrofe cósmica. Ele se refere, antes, à ressurreição dos mortos (1Ts 4,16s.) ou à transformação dos vivos (1Cor 15,15).

Na segunda epístola de São Pedro (3,7.10.12) fala-se de um incêndio cósmico: "Os céus e a terra que hoje existem estão reservados, pela mesma palavra, para o fogo, em vista do dia do juízo e da perdição dos ímpios [...] O dia do Senhor virá como um ladrão, passarão com estrépito os céus, e os elementos abrasados dissolver-se-ão, e igualmente a terra com as obras que ela contém [...] Todas as coisas irão dissolver-se". Aqui também não se pensa numa aniquilação. O fogo constitui um elemento simbólico da purificação e do juízo acrisolador de Deus, como aparece claro em textos paralelos do Antigo Testamento (Is 26,11; 30,27; 66,15; Sl 77,21; 96,3; 105,18; Na 3,15; Ml 3,2; 2Ts 2,7). Mais importante do que a catástrofe metafórica é a certeza do fim bom: "Nós, porém, de acordo com a sua promessa, esperamos um novo céu e uma nova terra em que tem sua morada a justiça" (2Pd 3,13).

Não podemos dizer como se dará a consecução do futuro do mundo. Passa certamente a figura desse mundo ambíguo, onde bem e mal crescem juntos em cada ser (cf. 1Cor 7,31; Mc 13,31; Mt 5,18; 2Pd 3,12; Ap 20,11; 21,4). As ambiguidades serão aniquiladas e haverá um novo céu e uma nova terra. O mundo não será exterminado. Ele permanece porque é obra do amor divino e também humano. Segundo At 3,21 haverá uma geral reconciliação, respeitadas as decisões livres dos homens; ou, como diz o próprio Cristo, sucederá uma *palingenesia*, isto é, um novo nascimento de todas as coisas (Mt 19,28). O fim do mundo é seu verdadeiro gênesis, seu real começo e um completo acabar de nascer.

3. O modelo de representação teilhardiano

Pierre Teilhard de Chardin, dentista e místico ardente, elaborou um outro modelo de representação da meta do mundo, dentro das coordenadas de uma compreensão evolutiva do mundo. O universo é fruto de um processo de milhões e milhões de anos de evolução, onde formas imperfeitas ascenderam para formas cada vez mais perfeitas.

No exórdio de seu *Comment je crois*, de 1934, delineava em quatro passos o caminho da evolução: "Creio que o universo é uma Evolução. Creio que a Evolução se dirige ao Espírito. Creio que o Espírito se realiza no Pessoal. Creio que o Pessoal supremo é o Cristo universal".

A ascensão evolutiva se faz por uma união cada vez mais crescente e por uma consciência e amorização cada vez mais profundas. Assim como para a vinda de Deus na carne foram precisos milhões e milhões de anos de preparação até que chegasse à plenitude dos tempos (Gl 4,4), de forma semelhante devemos representar a segunda vinda de Cristo glorioso. Podemos, e certamente devemos, admitir que a parusia encontre não uma humanidade morta ou decrépita nem um mundo votado e consagrado à inércia. Antes, pelo contrário: a humanidade e o mundo deverão ter desenvolvido suas forças latentes até um grau altíssimo de realização. Experimentarão, sem dúvida, seus próprios limites, quando comparados às dimensões do Transcendente e do impulso interior ínsito no homem e nas coisas que empurra a criar e a ousar cada vez mais, sem contudo jamais se esgotar. A evolução, assim podemos esperar, atingirá um ponto de tal concentração, união, amorização e conscientização que alcançará um ponto crítico. Teilhard diz: "O Pensamento chegado ao seu termo [...] neste paroxismo [...] deve conseguir furar (por efeito de hipercentração) a membrana temporal-espacial do Fenômeno (humano) – até encontrar um supremamente Pessoal, um supremamente personalizante" (*Comment je vois*, 1948, § 20). O "ponto crítico de maturação humana" e o "ponto da parusia" se tocam; "a involução divina descendente vem-se combinar com a evolução cósmica ascendente" (*Comment je vois*, § 24).

O ponto ômega do acabamento humano, ativado pela graça e pelo Cristo cósmico (e não pelo fruto das forças meramente mecânicas da evolução), coincide com o momento da total epifania, parusia e apocalipse (manifestação) de Deus. O universo e a humanidade atingem seu ponto mais alto, e por isso sua meta, se se perderem para dentro de Deus. É na fusão de amor com Deus que tudo ganha seu sentido; caso contrário, a evolução é um descaminho e um fatal absurdo.

A consecução da meta é alcançada num ponto crítico, como diz Teilhard. Isso significa que haverá um deslocamento radical do centro de gravidade da evolução; haverá uma excentração em Deus. Nesse perder-se doloroso e purificador, o mundo e o homem se encontrarão definitivamente, porque estarão para sempre em Deus, "porque unir-se é [...] emigrar e morrer parcialmente para aquilo que a gente ama" (*Milieu Divin*, p. 92s.).

4. Não sabemos nem como nem quando

O modelo apocalíptico dá a impressão de que a parusia vem de fora, uma intervenção que atinge o universo a partir de Deus. No modelo teilhardiano o mundo deixa emergir o que vai carregando dentro de si e nele está em crescimento. A história está grávida de Cristo e "a criação inteira está gemendo e sentindo dores de parto", aguardando acabar de nascer (Rm 8,21). Talvez essa representação de Teilhard, ficando sempre representação, seja mais consentânea com a verdade (não a representação) fundamental do Novo Testamento. Para este, a vinda de Deus, e, com isso, o acabamento do mundo, já se realizou dentro da história com a emergência de Jesus Cristo ressuscitado. O futuro da história está dentro dela; ela o vai realizando e revelando lentamente. Portanto, o que se espera é, segundo São Paulo, "a epifania da parusia do Senhor" (2Ts 2,8) ou "o apocalipse do Senhor Jesus" (2Ts 1,7). Quando o Senhor já presente se tornar totalmente visível, então se alcançará o fim e a consumação da obra de Deus, tudo em todas as coisas.

Não devemos confundir as representações com a mensagem revelada. O Concílio Vaticano II, de forma excepcionalmente feliz, ensina, sem apelar para qualquer "descrição" do mundo futuro: "Nós ignoramos o *tempo* da consumação da terra e da humanidade e desconhecemos a *maneira* de transformação do universo. Passa certamente a figura deste mundo deformada pelo pecado, mas aprendemos que Deus prepara morada nova e nova terra. Nela habita a justiça e sua felicidade irá satisfazer e superar todos os desejos de paz que sobem nos corações dos homens. Então, vencida a morte, os filhos de Deus ressuscitarão em Cristo, e o que foi semeado na fraqueza e na corrupção revestir-se-á de incorrupção. Permanecerão o amor e sua obra, e será libertada da servidão da vaidade toda aquela criação que Deus fez para o homem" (*Gaudium et Spes*, 39/318). Aqui se ensina claramente: o fim do mundo não é uma catástrofe, mas uma plenitude.

5. Futuro imanente do mundo técnico e futuro transcendente do mundo

A técnica ofereceu ao homem possibilidades inimagináveis de manipulação do futuro. Isso fez com que se elaborassem esperanças escatológicas puramente imanentes na forma de um futuro técnico do mundo, onde as velhas utopias de riqueza ilimitada, prazer indefinido, permanente juventude e beleza e dominação sobre os elementos ver-se-iam enfim realizadas. O próprio conceito de fim de mundo foi vastamente secularizado. O homem deu-se conta, entre apavorado e maravilhado, do enorme poder que está em suas mãos. Para pôr fim à terra não se precisa mais de uma intervenção divina; o homem possui suficiente poder para realizar uma catástrofe de ordem cósmica. Para onde se encaminha todo esse progresso?

O otimismo teilhardiano, alimentado em grande parte pela certeza da fé acerca do fim bom prometido por Deus, não pode apagar as profundas ambiguidades em que está envolta a história da liberdade humana. Não somente a amorização e a união das consciências cresce no mundo, mas também os dinamismos de isolação e manipulação despersonalizadora da humanidade.

O mundo como está não pode ser lugar do Reino de Deus (cf. 1Cor 15,50). Ele deve ser profundamente transformado. Há nele uma alienação fundamental que não permite que haja bondade perfeita, identidade plena e absoluta felicidade. Realização e alienação caminham sempre juntas. Daí: por mais otimista que se apresente a fé cristã, ela pregará também e sempre a paciência de suportarmos e aceitarmos o que é inevitável, e ensinará a sermos autocríticos e a distinguirmos os espíritos. Daqui se deduz a permanente atualidade da teologia da cruz que sempre denuncia um otimismo demasiadamente apressado. O mundo técnico, que não considera essa ambiguidade fundamental da atual fase do mundo, promete um paraíso terrestre e traz, na realidade, um verdadeiro inferno.

O célebre romance futurista de A. Huxley *Admirável mundo novo* (1932) constitui uma sarcástica ironia da escatologia técnica. O homem realizou seus desejos biológicos: possui prazer permanente, segurança econômica, suas paixões são geneticamente controladas numa medida otimal, narcóticos altamente desenvolvidos cuidam de superação da dor e da depressão, a manipulação genética providencia novos homens à medida dos interesses do Estado. A manipulação é tão perfeita que os homens amam sua escravidão. "As diversões não deixam nenhum tempo livre e nenhum momento para o homem sentar-se e refletir" (60)... "Não se pode combinar Deus com as máquinas, com a medicina científica e com o prazer geral. Precisamos escolher. Nossa civilização escolheu máquinas, medicina e prazer" (197).

Esse paraíso é absolutamente estéril. Não deixa o homem ser homem. Manipula-o como pode e afoga-o em sedativos que lhe aumentam a alienação e a saudade de sua própria verdade.

O mesmo destino trágico da escatologia técnica foi descrito com tons negros por George Orwell em seu romance *1984* (ano da edição: 1954). O último romance do grande escritor católico Franz Werfel foi dedicado à crítica de semelhantes utopias técnicas: *Stern der Ungeborenen* (Estrela dos não nascidos, 1958). Descreve uma humanidade futura que construiu um mundo totalmente manipulável. Até a morte é integrada de forma perfeita. O homem foge da morte, sendo reduzido a formas de vida inconscientes e pré-humanas a ponto de os homens abençoarem a boa e velha forma de morrer.

Essas visões de futuro distanciam-se profundamente da concepção cristã. A total realização humana e cósmica anunciada pela fé cristã não é o resultado exclusivo do esforço humano. É muito mais obra de Deus. O homem pode grandes coisas. Uma coisa não pode sem dúvida nenhuma: realizar-se totalmente e atualizar a sede de infinito que está dentro dele mesmo. Para que o homem chegue totalmente a si próprio foi preciso que Deus se hominizasse e se encarnasse. O futuro não se chama reino dos homens, mas Reino de Deus, onde *Deus* será tudo em todas as coisas. A técnica pode preparar o mundo futuro, fazendo *esse* mundo mais fraterno e mais semelhante ao seu estado definitivo. A meta final, porém, Deus, é obra da gratuidade do próprio Deus.

6. A vinda de Cristo como graça e juízo já está ocorrendo

Se o fim-meta já está presente no meio do mundo, então nada de mais normal do que afirmarmos que a vinda de Cristo já está acontecendo, seja como graça consoladora, seja como juízo purificador. A própria Igreja primitiva via na destruição de Jerusalém um fato escatológico; por isso que sua descrição serviu de protótipo para a "descrição" do fim do mundo e do juízo final.

O Ressuscitado não está ausente de nossa história, como o mostra muito bem o livro do Apocalipse. Ele intervém no mundo. Para os olhos da fé há situações históricas que são verdadeiros juízos de Deus sobre o mundo: as perseguições, as guerras, as rebeliões das massas contra sistemas injustos. O mal, a exploração, as ideologias tirânicas têm respiração curta; Deus através dos próprios homens as julga e as põe a perder.

Como dizia a primeira grande figura da historiografia crítica Leopold von Ranke (1795-1886) numa famosa conferência em 1854: "Cada época está imediatamente diante de Deus" (Über die Epochen der neueren Geschichte, em *Weltgeschichte* IX, 2).

O juízo de Deus começa pela própria casa (1Pd 4,17), isto é, pela Igreja. Muitas crises dentro dela são verdadeiros juízos de Deus por falta de fidelidade e abertura para a novidade do Espírito. O espírito demasiadamente conservador, assentado sobre seguranças humanas, embora de ordem dogmática, fizeram com que o diálogo Igreja-Mundo, da Renascença aos nossos dias, fosse enormemente dificultado. As consequências as sentimos hoje: esvaziamento das massas e emigração da Igreja de inteligências que poderiam ser testemunhas da esperança e da jovialidade cristã.

Há outras parusias de Deus na história que são sinais de sua graça e benevolência, como o surgimento dos santos, dos místicos, dos reformadores cristãos no campo social e eclesiástico, a irrupção dos carismas de santos fundadores de ordens e congregações, os concílios, a emergência da maturidade dos leigos etc. Cristo sempre bate à porta e vem com visitas pascais de cruz e de ressurreição que nos julgam e nos salvam e que nos preparam para o derradeiro encontro, frente ao qual a humanidade e o cosmos suspiram (Rm 8,21).

Uma certeza inarredável, contudo, nos assegura: o que passa é o passar ambíguo, onde bem e mal sempre andam juntos, não o passado. Tudo o que passou ganha um caráter de eternidade que jamais poderá ser aniquilado. Anda que seja reduzido ao nada, sempre é verdade que uma vez existiu por obra e graça de Deus. A fé, porém, afirma mais: o universo está destinado a participar da própria história íntima de Deus. Por isso nada se perde, mas tudo será transformado e transfigurado.

"Seja-nos permitido crer que, mesmo após a morte das civilizações, mesmo quando o fogo do juízo tiver executado sua obra de purificação, nada de grande se haverá perdido; pelo contrário, toda grandeza ressuscitará, de uma forma ou de outra, e o homem ressuscitado gozará conjuntamente dos lavores do Partenão, como existiam ao tempo de Péricles, e das obras de arte reunidas em nossos museus. Lerá os diálogos de Platão e presenciará a conversação reencontrada de Sócrates com seus jovens amigos, admirará os quadros religiosos acumulados em Florença e assistirá aos colóquios de Jesus com seus discípulos. Também a técnica e as invenções científicas serão eternizadas, a fim de que a terra e os céus cantem eternamente a glória de Deus" (RONDET. *Fins do homem e fim do mundo*, p. 163).

Referências

COMBLIN, J. *Cristo en et Apocalipsis*. Barcelona: [s.e.], 1969.

FÉRET, H.M. *L'Apocalypse de S. Jean* – Vision chrétienne de L'Histoire. Paris, 1943; São Paulo, 1968.

FEUILLET, A. "Fin du monde". *Catholicisme* IV, 1956, p. 1.304-1.310.

HÜLS BOSCH, A. *Die Schöpfung Gottea* – Schöpfung, Sünde und Erlösung im evolutionistischen Weltbild. Freiburg: [s.e.], 1965.

LÄPPLE, A. *A mensagem do Apocalipse para o nosso tempo.* Paulinas: [s.e.], 1971.

LOHSE. E. *Die Offenbarung des Johannes* (NTD 11). Göttingen: [s.e.], 1966.

LOVSKI, F. "Fin du monde, Apocalypse, Esperance". *Foi et Vie*, jan./1959, p. 62-79.

LUMIÈRE ET VIE. "La fin du monde est-elle pour demain?", set. 1953.

MELSEN, A. *Glaube. Wissenschaft und Zukunft.* Munique: [s.e.], 1967, p. 79-90.

POZO, C. "La doctrina escatológica del Vaticano II". *Teologia del más allá.* Madri: BAC 282,1968, p. 9-46.

RAHNER, K. "Immanente und transzendente Vollendung der Welt". *Schriften zur Theologie* VIII. Einsiedeln: [s.e.], 1967, p. 593-612.

_____. "Theologische Prinzipien der Hermeneutik eschatologischer Aussagen". *Schriften zur Theologie* IV. Einsiedeln: [s.e.], 1967, p. 401-428.

SCHLIER, H. La compréhension de l'histoire Selon L'Apocalypse de Saint Jean. *Le temps de L'Eglise.* Casterman: [s.e.], 1961, p. 269-278.

SCHUBERT, K. Endzeiterwartung und Weltbewältigung in biblischer Sicht. *Glaube, Wissenschaft und Zukunft.* Munique: [s.e.], 1967, p. 32-44.

SMULDERS, P. *A visão de Teilhard de Chardin.* Petrópolis: Vozes, 1965, p. 120-136.

TRILLING, W. *Jesús y los problemas de su historicidad.* Barcelona: [s.e.], 1970.

VULLIAUD, P. *La fin du monde.* Paris: [s.e.], 1952.

Capítulo X
Enfim ver-se-á: Deus escreveu direito por linhas tortas: o juízo final

Quando o mundo tiver atingido sua meta, quando a história tiver passado, e o ponto alfa coincidir com o ponto ômega, então dar-se-á a grande revelação do desígnio de Deus e de toda a criação. Agora se faz ouvir o verdadeiro juízo de Deus, isto é: Deus fará compreender seu pensamento (juízo) sobre todo o decurso da criação.

1. A comunhão de todos com tudo

É o momento culminante. É a hora da Verdade. O que estava latente se torna patente. O que era abscôndito, fica revelado.

As Sagradas Escrituras representam a grande revelação de Deus e da verdade das criaturas em forma de um juízo num tribunal (Mt 5,25-26; Lc 18,1-8) ou de uma liquidação de contas (Mt 18,22-35; 25,14-30; Lc 16,1-9), ou como apaga dos operários, onde cada qual recebe o que merece (Mt 20,1-16) ou a ceifa (Mt 13,24-30) ou a separação das ovelhas e dos cabritos (Mt 25,33) ou dos peixes bons e dos maus (Mt 13,47-50). O Antigo Testamento prefere a temática do dia de Javé, apresentado ora como um dia de luz (Am 5,18-20), ora como um dia de trevas no qual Deus manifesta, contra os soberbos, seu domínio sobre a história (Is 13; Sf 1,14-18; Dn 2,7.10-20).

Evidentemente, trata-se de imagens humanas. A forma do julgamento, como dizia Tomás de Aquino, ninguém pode saber com certeza (*Sum. Theol. Suppl.*, 88,4). Contudo, através destas imagens os autores sagrados "proclamam que a história tem um sentido e que caminha em direção a um encontro com Deus, cujo juízo vai finalmente realizar o povo dos santos. As imagens que apresentam esse Juízo não pretendem tanto descrevê-lo como levar os homens a que se convertam pela fé. E então alcançarão em Jesus Cristo a salvação magnífica e misteriosa que lhes é oferecida" (GEORGE, A. *O juízo de Deus*, 20).

Diante de Deus estarão todas as nações (Mt 25,32) e os habitantes da terra inteira (Lc 21,35), desde os tempos primordiais (cf. Mt 10,15; 11,24) até os últimos (Mc 8,38; Mt 12,41; Lc 11,30.50). Não só os homens, mas também todas as criaturas manifestarão o juízo e a verdade de si mesmas e de Deus. E "Deus retribuirá a cada um conforme as suas obras" (Mt 16,27; Rm 2,6). Tudo estará aberto, como um livro, onde se pode ler o que está escrito (Ap 20,12; Dn 7,10): os pensamentos mais ocultos (Lc 6,37), as omissões mais inconscientes (Tg 4,17), cada palavra proferida, para a construção ou para a destruição (Mt 12,36), as intenções do coração (Mt 15,3-9) e especialmente nossa medida de amor indiscriminado (Mt 25,31-46). Tudo isso aparecerá no seu sentido profundo.

Enquanto os homens vivem, o sentido da vida, dos atos e dos encontros pode manter-se latente. Tudo está ainda em aberto, porque é o tempo do risco, do livre-arbítrio para o bem e para o mal, tempo de conversão. Na morte se dá a grande síntese da vida. Então se esclarece o sentido de cada ato e a enteléquia de cada encontro. "Como vos encontro", diz um ágrafo de Jesus, "assim vos julgo" (Cl. Al. Quis div. sal. 40,2). Ou como a Didaqué formulou: "Nada nos ajuda o tempo todo de nossa fé, se no último instante ela não estiver presente" (16,2). Isso, como vimos anteriormente, forma o momento da grande crise da vida, a hora do juízo-decisão, no momento da morte. Aí a pessoa era afetada, num encontro personalíssimo com Deus. Isso constitui o juízo particular.

Agora, no juízo universal, dá-se a manifestação universal daquilo que ocorreu no juízo particular. Essa manifestação não torna público, como poderia parecer, o que era privado. Não. Mostra a profunda vinculação que cada pessoa possui com o todo. Ninguém é uma ilha. Uma comunhão profunda e mística nos une a tudo, pela raiz da vida, do átomo material aos seres espirituais. Nosso bem e nosso mal, a partir do núcleo pessoal e responsável, comunicaram-se com a globalidade da criação.

Agora, no juízo universal, ver-se-á, cristalinamente, a unidade do todo. O juízo particular, na morte, está numa direta coordenação com o juízo universal, porque o homem, embora síntese do todo, é um momento de um processo universal que o transcende: a história da criação toda. "Não podemos negar que biblicamente não há dois juízos, nem dois dias de juízo, senão um só. Por isso devemos ver o juízo particular que se desenvolve depois da morte em relação dinâmica com o juízo final" (BALTHASAR, H.U. *Eschatologie*, p. 411). Essa é também a perspectiva da liturgia que toma o juízo sempre como um drama envolvendo a pessoa e todas as suas relações, isto é, o cosmos e a história (NEUHEUSER, B. *El Juicio final*, p. 159).

2. ...E aparecerá o plano de Deus

Mas o específico do juízo universal constitui a revelação cabal do desígnio de Deus. Este, no decurso da história, não se mostra na sua patência divina. Deus não costuma intervir, miraculosamente, para vingar a justiça ou salvar a *humanitas*, manipulada e vilipendiada pelos próprios homens. Nem sempre socorre o justo sofredor, na terrível fossa de sua solidão, sofrendo pela justiça e pelo amor. Os maus triunfam, quando, segundo os nossos critérios, deveriam ser punidos. Nem intervém para salvar sua Igreja, quando perseguida e traída por seus próprios chefes. Muitas vezes, devemos viver "etsi Deus non daretur", como se ele não existisse, tal é a proporção dos desconcertos e da maldade estruturada.

A confusão aumenta quando nos perguntamos: Qual o sentido de civilizações inteiras, que desapareceram na obscuridade dos séculos? Que sentido teve a civilização dos hititas e dos homens do mar? Por que a civilização brilhante dos incas, maias e astecas foi borrada da história, sob a ganância dos conquistadores cristãos que matavam com a cruz e com a espada? Que sentido teve a civilização da Ilha de Páscoa, com suas monumentais estátuas, se ela desapareceu totalmente da face da terra? Por que continentes inteiros como a América Latina e África gemem sob o colonialismo interno e externo? Que significado possui a raça negra, sofrida, escravizada, dividida por séculos e séculos?

Porque o Ocidente se estruturou, dos gregos até nós, no esquecimento do Ser e das raízes da vida, numa insaciável vontade de poder que não conhece obstáculos e que a isso coloca tudo a serviço: saber, técnica, economia, política e até a religião? Que significado possui o longo e bilenário processo evolutivo? Por que o homem conheceu esta caminhada, por muitos sentidos, macabra, das origens obscuras animais até a sua total consciência? Que significado assumem as religiões do mundo, as filosofias, as cosmovisões, desde a mítica até a científica? Que função tem a terra, perdida, qual grãozinho de areia, na imensidão terrível do cosmos em expansão contínua? Que significa a inteligência no universo? E o homem, que desempenha mal e que fracassou na sua missão de ser o sacerdote da criação?

O plano de Deus parece-nos o reverso de um complicado bordado, onde não se vê a rosa colorida, mas o emaranhado dos fios e das cores numa confusão inextrincável.

A fé nos diz que há um sentido. Nós o cremos, mas não o vemos. Ele conhece, geralmente, a forma kenótica da cruz e não o modo doxológico da ressurreição.

A história leva em seu coração a angústia do sem-sentido que faz sangrar e aumenta no homem a ânsia pela total revelação do Logos que penetra todas as coisas.

E eis que ele irrompe, implode e explode. É o dia do Senhor! Então tudo fica claro. Então Deus deixa sua latência bilenar e des-vela seu desígnio. Então a luz divina ilumina todas as obscuridades e decifra todos os enigmas. Então tudo aparecerá nas suas devidas proporções, o pecado e a graça, a pequenez e a grandeza, a vida e a morte, e o desenrolar quase interminável dos séculos. Então o pequeno poderá ser manifestado como grande, o grande como pequeno. Então a anti-fonia é integrada na sin-fonia para compor o hino da glória de Deus. Então veremos como Deus sempre escreveu direito por linhas tortas. Então Deus terá ouvido a súplica dos séculos: "Senhor, deixa-me ver tua face!" (Ex 33,17ss.), Senhor, mostra-nos o Pai e isso nos basta! (Jo 14,8). Então Deus, que ninguém jamais viu (Jo 1,18), se mostrará assim como Ele é, e o veremos face a face (1Cor 13,12; Ap 22,4). Então isso nos bastará, porque teremos lido o pensamento e ouvido o juízo de Deus sobre cada coisa. Amém!

Referências

BALTHASAR, H.U. Die Eschatologie. In: *Fragen der Theologie heute.* Einsiedeln: [s.e.], 1957, p. 403-424.

BETTENCOURT, E. *A vida que começa com a morte.* Rio de Janeiro: [s.e.], 1955, p. 223-245.

BETZ, O. "Das Gerickt". In: *Die Eschatologie in der Glaubensunterweisung* Würzburg: [s.e.], 1965, p. 206-216.

BRUNNER, E. Das Gericht und das Problem der Allversöhung, In: *Das Ewige als Zukunft und Gegenwart.* Hamburgo/Munique: [s.e.], 1965, p. 187-203.

GEORGE, A. "O juízo de Deus". Esboço de interpretação de um tema escatológico. *Concilium*, jan. (1969), p. 9-20.

NEUHEUSER, P.B. El juicio final. In: *Muerte y vida.* Madri: [s.e.], 1962, p. 145-162 [org. por T. Bogler].

RAHNER, K. "Gericht". In: *Lexikon für Theologie und Kirche IV*, p. 735.

STAUFFER, E. *Die Theologie des Neuen Testamentes.* Berlim: [s.e.], 1941, p. 195-211.

Capítulo XI
Uma espiritualidade escatológica: saborear Deus na fragilidade humana e festejá-lo na caducidade do mundo

Das reflexões feitas até aqui, deve ter ficado claro que a escatologia não constitui um tratado entre outros tantos. Não é a doutrina dos fins últimos do homem, mais a meter-lhe medo do que a consolá-lo. A escatologia é uma reflexão sobre a esperança cristã. Como tal, forma uma tônica para toda a teologia e um colorido para todos os tratados.

Dizer esperança é dizer presente, mas também futuro. E gozar de um *já* presente, na expectativa de que se revele plenamente porque *ainda-não* se comunicou em totalidade. Deus mesmo é "o Deus da esperança" (Rm 15,13): Ele está já aí, presente e se autodoando, mas também é sempre aquele que vem, que está para chegar na surpresa de uma novidade. Por isso Ele é e será para o homem o eterno futuro absoluto. Nunca deixará de chegar, mas jamais chega de forma absoluta, a ponto de esgotar totalmente seu inefável futuro. Porque é o Deus do futuro e da esperança do amanhã de nossa vida, Ele sempre se revela como Aquele que liberta o homem de suas ligações com o passado, para que cada um esteja livre para o seu futuro. No entretanto Ele não seria o nosso futuro, se não estivesse manifestando esse futuro dentro do presente. Daí é que o seu Reino não é um futuro-futuro. Ele está crescendo e germinando nas luzes e sombras do tempo presente. O céu e a total divinização do mundo estão se moldando, lentamente, dentro do horizonte de nossa existência. Vão crescendo e madurando, até acabarem de nascer.

1. O já e o ainda-não: a festa e a contestação

A esperança se funda, exatamente, na diferença entre aquilo que *já é* e aquilo que *ainda-não-é*, mas que é possível; entre o presente e o futuro, possível de-se-tornar-presente. O *Já* constitui o futuro realizado. O *Ainda-não* forma o futuro em aberto.

Enquanto a esperança vê o futuro e o Reino *já* presentes no meio de nós, no bem, na comunhão, no fraternismo, na justiça social, no crescimento verdadeiramente humano dos valores culturais, na abertura do homem para com o Transcendente, ela tem motivos para celebrá-lo e comemorá-lo na jovialidade serena e no gozo tranquilo de sua manifestação. Daí é que surge a festa no coração da vida. Nela degustamos o sentido revelado das coisas. Ela é uma antecipatória participação da festa do homem com Deus. São já os bens divinos que aqui se realizam. Na fragilidade humana, é verdade, onde há ameaça de pecado, de perda e de toda sorte de limitações. Mas não deixam de ser reais e autênticos. A esperança sabe *que* espera. Mas não só. Sabe também, embora imperfeitamente, *o que* espera: a total realização na eternidade daquilo que de verdadeiro e de bom vivencia no tempo.

Essa esperança nos faz compreender a exortação de Paulo: "Alegrai-vos sempre no Senhor e torno a repeti-lo:

alegrai-vos. A vossa jovialidade se mostre a todos os homens porque o Senhor está perto. Não vos inquieteis por coisa alguma [...] estai atentos a tudo quanto há de verdadeiro, de nobre, de justo, de puro, de amável, de louvável, a tudo que seja virtude ou digno de louvor" (Fl 4,4-6.8).

O que se opõe à fé e à esperança não é tanto a descrença e o ateísmo. Mas o medo e a inquietação. A fé e a esperança nos asseguram que estamos sempre aconchegados nas mãos de Deus que tudo circunda e penetra. Nada acontece sem o seu amor. Ele sempre está perto do homem. Por isso, o homem pode estar sempre alegre e jovial (1Ts 5,16), mesmo nas tribulações. "Siendo el Señor de nuestra parte, a quién debemos temer?" se consolavam os primeiros missionários espanhóis que enfrentavam a selva sul-americana.

Por isso, o medo de tantos cristãos, frente às inovações do mundo de hoje e ao confronto entre a nossa esperança com as esperanças intramundanas, deve-se menos à prudência, que geralmente possuem demais, do que à ausência de fé profunda, que é fonte de otimismo, serenidade e confiança. Não nos disse Ele, ao se despedir: "Não se perturbe o vosso coração. Crede em Deus e crede também em mim [...] Confiai: eu venci o mundo?" (Jo 14,1; 16,33).

Só a fé cristã nos permite saborear Deus na fragilidade humana e festejá-lo na caducidade da figura deste mundo que passa (1Cor 7,31).

Contudo, o *Já* não pode ser absolutizado. Ele está sempre aberto para o *Ainda-não* que virá. Todas as vezes que o Já se substantiva, surgem as ideologias totalitárias, profanas ou religiosas. Aparece o dogmatismo, o legalismo, o ritualismo, o racismo, o materialismo, o capitalismo e todos os demais ismos. Na ideologia trata-se sempre da absolutização de um relativo, da universalização de uma parcela da realidade e da heretização de uma verdade. Em nome do Ainda-não deve-se contestar o Já radicalizado.

E aqui que reside a matriz de toda a contestação verdadeira. O *não* supõe um *sim* prévio a algo futuro e possível. Como assevera com acerto a carta papal *Octogesima Adveniens:* esta forma de crítica do presente a partir de um futuro "provoca a imaginação prospectiva para, ao mesmo tempo, perceber no presente o possível ignorado, que aí se acha inscrito, e para orientar no sentido de um futuro novo" (n. 37).

Essa crítica confere liberdade ao cristão: tudo é relativo nesse mundo, quando comparado com Deus e com aquilo que Ele nos promete. Relativa é a Igreja com seus dogmas e sacramentos e jerarquias. Relativos são os valores culturais e morais. Relativo é o Estado com toda a prepotência de suas instituições e de sua ideologia. Com isso não se diz que essas realidades terrestres não tenham importância. São importantes, porque nelas encontramos mediatizado o Absoluto. Mas elas não são o Absoluto, nem podem exigir totalmente o coração do homem. Este foi feito somente para Deus. Unicamente Ele responde cabalmente aos anelos profundos do homem.

Desta consideração desponta o sentido de humor que perpassa a atitude lidimamente cristã. O humor não significa a ataraxia e impassibilidade estoica, que, soberanamente, manda sorrir frente ao trágico, porque dele não pode fugir. O cristão, por causa de sua esperança, sabe que não há nada de trágico no mundo, porque crê que nada escapa a Deus. Pode haver o dramático, porque na história peregrina a Deus, lutam e se alternam violência e liberdade, peso do pecado e sopro do Espírito (cf. *Octogesima Adveniens*, 37). Mas no fim a liberdade triunfa sobre a violência e o sopro do Espírito aniquila o pecado. Olhando para Deus, o cristão pode manter sua jovialidade mesmo entre as torturas da violência, como exemplos cristãos do passado e do presente o testemunham (cf. At 5,41; Mt 5,10-12; Cl 1,24; Hb 10,34).

O futuro, pois, leveda o presente, fazendo que ele cresça mais e mais na linha da total manifestação e parusia daquilo que vai carregando como promessa dentro de si. A história toda apresenta-se, assim, como um *laboratorium salutis possibilis* (E. Bloch).

2. O *crux, ave, spes unica*

As últimas reflexões nos advertiram que a alegria cristã e escatológica não é uma alegria de bobos alegres. Estes se alegram pelo simples fato de se alegrarem. O cristão tem motivos de se alegrar, porque o Senhor venceu a morte (1Cor 15,55), já despontaram os últimos dias (1Jo 2,18; At 2,17; 1Pd 1,20) e "já chegamos ao fim dos tempos" (*Lumen Gentium*, 48). Nas penumbras do presente, entrevê a realidade definitiva. Por isso se alegra.

No entretanto, essa última hora não pode ser cronometrada. Ela se alonga. Embora vivamos sob o clarão da ressurreição de Cristo, as sombras da cruz se estendem sobre toda nossa existência. O tempo da peregrinação é tempo da latência de Deus, do silêncio divino e de sua interminável paciência. Não devemos esperar, para esse mundo – e isso constitui uma das grandes ilusões da Igreja durante alguns séculos – o triunfo externo do Senhor ressuscitado. É pela cruz que Ele reina e atrai todos a si (Jo 12,32). Não é sem razão que a liturgia canta: *O crux, ave, spes unica*, salve, cruz, única esperança.

Quem se entrega, como Jesus na cruz, confia e espera que, mesmo no maior abandono, Deus também aí está, este já experimentou as forças de ressurreição e pode cantar, em meio a dores, aleluia. Para esse a cruz é fonte de alegria e paz que o mundo não pode dar, mas só a fé.

Esta perspectiva profundamente realista da ambiguidade do mundo foi desenvolvida magistralmente por São João no seu Apocalipse. Nele se retrata a grande crise pela qual passava a primitiva comunidade. Ela esperava um espetacular triunfo de Cristo. E teve que aprender que Ele não vence na história, mas no término dela. Fazia a amarga experiência das perseguições e do triunfo do Anticristo: "aquele que é chamado diabo e satanás [...] seduz todo o orbe habitado" (Ap 12,9). "A besta (que surge da terra – o Império Romano) engana os habitantes da terra, dizendo que façam uma imagem em honra da besta" (Ap 13,14). Via, com desalento, como os imperadores se deixavam adorar quais deuses. Não só. A satanás "foi concedido também fazer guerra aos santos e vencê-los" (13,7).

A comunidade teve que aprender que, para chegar ao domingo de ressurreição, devia passar pela noite negra de sexta-feira santa e que a história da fé e da esperança supõe sempre a experiência do êxodo. "História é experiência de cruz, e, precisamente, no seu sentido desorientador de que a experiência da cruz, a angústia da morte e as trevas do abandono de Deus sofridas por Um só revertem sobre a história inteira, em primeira linha, sobre os que pautaram sua vida pela daquele Único" (LAPPLE, A. *A mensagem do Apocalipse para o nosso tempo*, p. 240).

Contudo, o Apocalipse quer ser um livro de consolação. No final, quando se der a grande crise, Cristo se manifestará como o vencedor. Ele destruirá o mal com um sopro apenas de sua boca: "Eis que venho em breve, e comigo a minha recompensa, para dar a cada um segundo as suas obras" (Ap 22,12). Então os fiéis reinarão pelos séculos dos séculos (Ap 22,5).

3. Venha a nós o vosso Reino!

Esse pedido – o central de todo o Pai-nosso – caracteriza profundamente a atitude cristã. Vivemos, como a Igreja primitiva, na expectativa do irromper do Reino. Que ele venha! Essa expectativa do *tempus medium et breve* (cf. 1Cor 7,29) não nos dispensa das tarefas temporais (2Ts 3,11-12). Na verdade, o que aqui na terra construímos será guardado para o futuro (*Gaudium et Spes*, 39). Mas a esperança do futuro, como vimos, desdramatiza as tribulações do presente.

Essa expectativa nos é sempre lembrada durante todo o ano litúrgico, pela palavra, pelos sacramentos, de modo particular pela sagrada Eucaristia, celebrada diariamente. A liturgia em geral celebra o *Christus praesens*, realizando sua parusia sob sinais de fé. Por um lado comemora sua presença, por outro dá-se conta que ele se esconde e se retrai na fragilidade de gestos litúrgicos. Sua glória ainda não rompeu as fímbrias do tempo que continua a rolar no lusco-fusco de cruz e glória. A mesma estrutura se articula em cada sacramento: em cada um o Senhor vem e mata a saudade salvífica do homem, mas deixa também uma ausência sentida e sofrida: não o vemos face a face (1Cor 13,12). Apenas seu sinal, carregado de sua presença mistérica. Isso transparece nitidamente na Santíssima Eucaristia: por um lado "com alegria e simplicidade de coração" (At 2,46) celebramos a ceia que antecipa o convívio amical e filial com Deus no Reino, por outro recorda sua morte e sua entrega aos homens, até que Ele venha (1Cor 11,26).

Quando estourar a parusia, então cairão os véus sacramentais: veremos a graça neles contida, diretamente. A função dos sacramentos terá passado para sempre.

Essa conotação escatológica deveria pervadir toda a reflexão da teologia, da criação, da revelação, da moral, da dogmática e da própria história da Igreja. Ela nos impede de enrijecermos demasiadamente nossas soluções e de criarmos a ilusão de que, com as formulações dogmáticas, termos já alcançado uma expressão perfeita da fé. Numa perspectiva escatológica, todas as articulações da fé devem cair sob uma reserva: elas também são relativas, porque o Absoluto ainda não se manifestou totalmente. Isso se aplica, de modo muito prático, principalmente para nossos juízos éticos.

4. A verdade não é o que é, mas o que ainda será

Se tudo, seres e formulações humanas, estão abertos para um mais e vêm carregados de esperança, então a verdade – para usar uma fórmula feliz de Ernst Bloch – não reside apenas naquilo que é, mas principalmente naquilo que ainda não é, mas que será.

Em outras palavras: a verdade do homem não está no homem como se encontra hoje, mas no homem como será amanhã e como já foi, antecipatoriamente, manifestado em Jesus ressuscitado. Como dizia excelentemente Santo Inácio de Antioquia († 107): "Quando chegar lá (no céu) então é que serei homem" (*Aos Romanos* 6,2).

O que é, funda a tradição. O que ainda não é, mas será, significa a verdade plena.

"Cristo", advertia Tertuliano († 223), "não nos disse: eu sou a tradição, mas eu sou a verdade" (*De virg.* 1,1). E tinha razão, porque Ele é a Verdade, enquanto é o apocalipse totalmente realizado do ser-homem e do ser-Deus, simultaneamente. Essa verdade será também a nossa no céu.

Então seremos entronizados no sétimo dia da criação, isto é, no descanso ativo de Deus. Na frase admirável de Santo Agostinho: "Dies septimus, nos ipsi erimus": nós mesmos seremos o sétimo dia (*De civ. Dei*, 22, 5).

Missão do cristianismo é ser germe de esperança no mundo, do Deus da esperança (Rm 15,13) e de "Cristo, nossa esperança" (Cl 1,27). É manter entre os homens permanentemente a abertura para o Futuro absoluto.

Nem o papa, nem os bispos, nem os dogmas, nem a Escritura, nem ninguém podem fechar essa abertura para o Futuro absoluto. Só Deus e Jesus Cristo ressuscitado.

Conduzir os homens para o espaço da esperança que repleta o *cor inquietum* significa anunciar: o futuro que germinalmente está em nós e cuja manifestação anelamos ansiosamente há de ser realizado definitivamente por meio daquele que primeiro o realizou em sua vida, morte e ressurreição e que nos disse ter o poder de renovar todas as coisas e de criar novos céus e nova terra.

A fé esperançosa então suspira: Maranatha! Veni, Domine, Jesu! Vem, Senhor Jesus!

Referências

AUER, J. Das Eschatologische, eine christliche Grundbefindlichkeit. In: *Festschrift f. Kard. Faulhaber.* Munique: [s.e.], 1949, p. 71-90.

BETZ, O. *Die Eschatologie in der Glaubensunterweisung.* Würzburg: [s.e.], 1965, p. 320-330; 21-50.

BLOCH, E. *Das Prinzip Hoffnung.* 2 vols. Frankfurt: [s.e.], 1959.

BULTMANN, R.; BORNKAMM, G. & SCHUMANN, F.K. *Die christliche Hoffnung und das Problem der Entmythologisierung.* Stuttgart: [s.e.], 1954.

CASEL, O. *Mysterium des Kommenden.* Paderborn: [s.e.], 1952.

_____. *Das christliche Festmysterium.* Paderborn: [s.e.], 1941.

Concilium n. 9,1970 [todo dedicado à esperança].

DURRWELL, F.X. *A ressurreição de Cristo, mistério de salvação.* São Paulo: [s.e.], 1970.

JUNGMANN, J.A. Österliches Christentum. In: *Liturgisches Erbe und Pastorale Gegenwart.* Innsbruck: [s.e.], 1960.

LÄPPLE, A. *A mensagem do Apocalipse para o nosso tempo.* São Paulo: Paulinas, 1971, p. 236-242.

RAHNER, K. Dogmatische Fragen zur Osterfrömmigkeit. In: *Schriften zur Theologie.* Einsiedeln: [s.e.], [s.d.].

SCHÜRMANN, H. Eschatologie und Liebesdienst in der Verkündigung Jesu. In: KIRCHHOFF, H. *Kaufet die Zeit aus.* Paderborn: [s.e.], 1952, p. 42ss.

SPINDELDREIER, A.; HARADA, H. & BOFF, L. *A oração no mundo secular.* Petrópolis: Vozes, 1971.

APÊNDICE:
Textos e Estudos

I. Purgatório

1. O TRATADO DO PURGATÓRIO DE SANTA CATARINA DE GÊNOVA

Santa Catarina de Gênova (1447-1510), leiga, malcasada, mas convertida com o marido, escreveu um *Trattato del purgatorio* que é considerado ainda hoje uma das mais inspiradas reflexões sobre o tema. A santa ressalta não tanto o aspecto macabro do purgatório, mas sua verdadeira dimensão que é de alegria, felicidade e graça. Dos XIX capítulos da obra, relevaremos alguns tópicos mais significativos.

"Não há felicidade comparável à das almas no purgatório, a não ser a dos santos no céu, e tal felicidade cresce incessantemente por influência de Deus, à medida que os impedimentos vão desaparecendo. Tais impedimentos são como a ferrugem e a felicidade das almas aumenta à medida que esta ferrugem diminui" (Cap. II).

"Deus aumenta nelas a ânsia de o verem e acende-lhes no coração um fogo de amor tão poderoso que se lhes torna insuportável depararem com um obstáculo entre elas e Deus" (Cap. III).

"Sentem-se tão fortemente atraídas para Deus que nenhuma comparação pode exprimir tal atração. Imaginemos, todavia, um único pão para matar a fome de todas as criaturas humanas e que bastava vê-lo para a fome ser satisfeita. Qual seria a reação de alguém que possui o instinto natural de comer e vem dotado de boa saúde? Qual seria, repito, a reação se não pudesse comer, nem tampouco adoecer ou morrer? Sua fome iria aumentando constantemente. Assim é a ânsia das almas no purgatório para o encontro com Deus" (Cap. VII).

"Pelo que diz respeito a Deus, vejo que o céu tem portas e pode entrar nele quem quiser, porque Deus é todo bondade. Mas a essência divina é tão pura que a alma, se nota em si qualquer empecilho, precipita-se no purgatório e encontra esta grande misericórdia: a destruição de tal empecilho" (Cap. IX).

"A alma vê que Deus, pelo seu grande amor e providência constante, jamais deixará de a atrair à sua última perfeição. Vê também que, ligada pelos restos do pecado, não pode por si mesma corresponder a esta atração. Se encontrasse um purgatório mais penoso, no qual pudesse ser mais rapidamente purificada, mergulharia nele imediatamente" (Cap. XI).

"O amor divino, ao penetrar nas almas do purgatório, confere-lhes uma paz indescritível. Tem assim grande alegria e, ao mesmo tempo, grande pena. Mas uma não diminui a outra" (Cap. XIV).

"Enquanto o acrisolamento não estiver concluído, compreendem que, se se aproximassem de Deus pela visão beatífica, não estariam no seu lugar e por isso sentiriam um maior sofrimento do que se permanecessem no purgatório" (Cap. XVI).

"As almas sofrem voluntariamente as suas penas que não desejariam o menor alívio, por conceberem quão justas são" (Cap. XVIII).

"O acrisolamento a que estão sujeitas as almas no purgatório, experimentei-o em minha vida, durante dois anos. Tudo o que constituía para mim um alívio corporal ou espiritual, foi-me tirado gradualmente. Finalmente, para concluir: vede bem que tudo o que é profundamente humano, o nosso Deus todo-poderoso e misericordioso transforma-o radicalmente. Não é outra a obra que se leva a cabo no purgatório" (Cap. XIX).

Santa catarina de Gênova
Trattato del Purgatorio.
Edizione de "Vita Franciscana",
Frati Minori Cappuccini,
Gênova, 1929.

2. QUE SENTIDO TÊM AINDA AS INDULGÊNCIAS?

Diante da exposição acima feita acerca do purgatório, como a crise-acrisolamento na hora da morte, pela qual o homem atinge a sua verdadeira estatura e o seu real amadurecimento diante de Deus, alguém poderia, preocupado, perguntar: Que sentido tem ainda lucrar indulgências pelas almas do purgatório? O papa não justificou a validade das indulgências na Constituição Apostólica *Indulgentiarum Doctrina*, de 1º de janeiro de 1967? (cf. *Revista Eclesiástica Brasileira* 1967, p. 124-137).

Aqui nos é oferecida a oportunidade de fazermos algumas reflexões teológicas, baseados nos estudos mais sérios como os de B. Poschmann, Schmaus, Rahner, Semmelroth, Schillebeeckx e Anciaux, sobre esse tema tão pouco dignificado historicamente por parte dos católicos e tão mal-compreendido por parte de outras confissões cristãs.

a) Como surgiram as indulgências?

As indulgências não constituem um sacramento, mas um sacramental. Por isso não são de instituição divina, mas eclesiástica. Apareceram primeiramente no século XI. A palavra – indulgência – se impôs somente no século XIII. Contudo, elas conhecem uma pré-história que remonta aos primeiros séculos da Igreja, do ambiente da prática penitencial.

Nos primeiros tempos, a cada pecado cometido por um cristão, a Igreja impunha pesadas satisfações públicas, adequadas à gravidade da culpa. Essas penitências se tornavam, pelo comum dos fiéis, metidos em suas tarefas temporais, quase impraticáveis. Introduziram-se então as trocas de penitências praticáveis. A isso, soía-se chamar de *redemptiones* (redenções). Outras vezes, os fiéis eram socorridos com especiais súplicas da Igreja, do sacerdote ou de pessoas que se prontificavam a ajudá-los a cumprir as penas. Era comum também recorrer à intercessão dos santos mártires que, como se pressupunha, tinham o especial privilégio de alcançarem de Deus a redução ou o perdão das penas devidas aos pecados.

Outro fator, componente da pré-história das indulgências, é constituído pelas *absolutiones*. Ao enviar cartas privadas ou ao publicar documentos oficiais, papas e bispos, portadores do poder de ligar e desligar, concediam aos fiéis ou aos endereçados de seus escritos a absolvição de pecados, convocando-os a fazerem, em retribuição, boas obras, como participar de uma guerra contra os inimigos da Igreja, dar donativos a fundações caritativas etc. Essas absolvições eram concedidas também a gravemente enfermos.

Por se tratar de bispos e papas e por causa do apelo ao poder de ligar e desligar, eram muito apreciadas pelos fiéis. A partir do século X essas absolvições foram assumidas no próprio rito penitencial. Note-se porém que sob "perdão dos pecados" não se pensava nos pecados, mas nas penas advindas dos pecados, das quais os fiéis deveriam ser purificados na eternidade. Não se tratava ainda da remissão de penas eclesiásticas e da penitência a ser feita aqui na terra.

A partir do século XI e XII essas absolvições foram estendidas não somente às penas no após morte, mas também concedidas como perdão de penas eclesiásticas aqui na terra. *Por indulgência* eram comutadas as penitências correspondentes a sete anos, a um ano, a 40 dias, por outras mais leves de um dia, uma semana ou por outras obras de misericórdia, como dar esmolas, auxiliar na construção de um santuário, participar de uma peregrinação ou de uma batalha contra os inimigos da Igreja. Porque perdoavam pesadas penitências eclesiásticas, encontraram grande aceitação entre os fiéis e se espalharam rapidamente.

No início, as indulgências eram muito discretas, de 20 ou 40 dias. Os papas Calisto II e Alexandre III começaram a conceder generosamente indulgências de 1-3 anos. Alguns bispos já se anteciparam e passaram de 3 para 5 até 7 anos. Abriu-se a brecha para um abuso, quase incontrolável. Entraram interesses simoníacos de prelados inescrupulosos a ponto de o 4º Concílio do Latrão (1215) sentir-se no dever de repreender as "indiscretae et superfluae indulgentiae" (POSCHMANN, p. 116).

Contudo, para lucrar as indulgências, desde o início se impôs não apenas a necessidade de fazer as obras de misericórdia estipuladas, mas também a confissão e o arrependimento dos pecados, cujas penas temporais e eclesiásticas poderiam ser então comutadas.

Por indulgência se entendia, portanto, a remissão das penas temporais devidas aos pecados, por força do poder da Igreja de ligar e desligar.

Essas indulgências não se aplicam somente à pessoa que as lucra. O beneficiado, não tendo mais delas necessidade, pode aplicá-las às almas do purgatório, pois que agora sofrem pelas penas das quais não se purificaram em vida.

Desta forma, ao longo dos séculos, muitíssimas orações e festas foram cumuladas com indulgências que os fiéis assiduamente se esforçavam por ganhar para si e para as pobres almas do purgatório.

Assim surgiram, em grandes traços históricos, as indulgências.

b) Em que se baseia a doutrina das indulgências?

Qual o fundamento teológico para as indulgências? Como em muitos outros casos, também aqui a práxis eclesial se antecipou à reflexão teológica.

Abelardo em sua ética, elaborada entre 1125 e 1138 (*Scito te ipsum*, cap. 25), nega a legitimidade das indulgências. São simplesmente contra a tradição secular da própria Igreja, pensava ele. E dizia isso, mais movido a combater os abusos do que fundamentar teologicamente uma práxis. É uma vergonhosa fome de lucro, quando bispos, por ocasião da consagração de alguma igreja ou de qualquer festa em que havia acorrência de povo, concediam, diz Abelardo, indulgências indiscriminadamente a todos, como se as penas pudessem ser mecanicamente perdoadas com a doação de esmolas ou outro qualquer donativo sem se tomar em consideração o arrependimento do coração (POSCHMANN, 117).

Foi somente na Alta Escolástica que se chegou a elaborar uma teologia das indulgências. Aí se estabeleceram, claramente, dois conceitos importantes: primeiro, as penas perdoadas ou reduzidas pelas indulgências são as penas do purgatório, segundo, e isso em virtude da aplicação das graças, contidas no tesouro da Igreja. Assim, lucrar uma indulgência de um ano não significa que o fiel, caso viesse a passar pelo purgatório, seria poupado de um ano de sofrimentos no além, mas seria perdoado das penas que, em outros tempos, somente com um ano de penitência o conseguiria. A quanto de sofrimento no purgatório corresponde à pena, isso não pode ser avaliado por ninguém e também não o era nos tempos em que mais se negociavam as indulgências. Contudo, devemos admitir, pelas crônicas, que aconteceram muitos abusos, especialmente entre pregadores populares.

O fundamento das indulgências reside no assim chamado tesouro da Igreja. Em que consiste?

O Cardeal Hugo de Saint-Cher, que foi o primeiro, em 1230, a falar em tesouro da Igreja, diz o seguinte: no sangue de Cristo e no sangue dos mártires que foram castigados por seus pecados, acima do que mereciam, foram punidos todos os pecados. "Esse sangue derramado forma um tesouro colocado no armário da Igreja, cujas chaves somente a Igreja dispõe. Ela pode, a seu bel-prazer, abrir esse armário e comunicar a quem quiser indulgências tiradas deste tesouro. Desta forma o pecado não permanece sem ser castigado, porque já o foi punido no sangue de Cristo e de seus mártires" (POSCHMANN, p. 119).

Em virtude desta justificação teológica, sustentada pelos grandes teólogos medievais, como São Boaventura e Santo Tomás, foram concedidas cada vez mais indulgências para sufragar penas do purgatório de pessoas falecidas.

As primeiras indulgências aplicadas aos falecidos datam de 1457, concedidas por Calisto II, por ocasião de uma cruzada contra os mouros. Muito cedo começaram abusos por parte de comissários de indulgências, como por exemplo o decano da Catedral de Saintes, Raimundo Peraudi. Como outros antes dele, chegou a afirmar que uma indulgência podia ser lucrada em sufrágio até de pessoas que morreram em pecado mortal, contanto que se pagasse a espórtula monetária correspondente. Afirmava-se ainda que o papa, com indulgências, poderia, se quisesse, esvaziar o purgatório. Diante de tais erros pode-se compreender os versos ridicularizadores dos críticos: *Sobald das Geld im Kasten klingt, die Seele aus dem Fegfeuer springt*: no que a moeda da caixa cai, uma alma do purgatório sai! Lutero negou o valor das indulgências, o que motivou a condenação de sua doutrina por Leão X (D 757-762).

O Concílio de Trento, sem tomar posição quanto ao conteúdo doutrinário das indulgências, estabeleceu dois pontos: que a Igreja tem o poder de Cristo de distribuir indulgências e que estas são mui salutares ao povo cristão (D 989-998).

c) Para uma redimensionalização da doutrina das indulgências

Precisamos convir que a doutrina sobre as indulgências, como foi tradicionalmente ensinada, apresenta uma indigência teológica notável.

Em primeiro lugar há nela um conceito de justiça vindicativa muito material, pouco digno do mistério do amor de Deus, como Jesus Cristo no-lo revelou. Ele não nos revelou um Deus, juiz tirânico que quer o sangue para aplacar sua ira, mas um Deus que é Amor e Perdão, que corre atrás do filho pródigo, busca a ovelha tresmalhada e procura o dinheiro perdido e que vence, não pela punição, mas pelo amor e perdão. Sendo amoroso, Ele é infinitamente justo, não no sentido de se vingar pelas ofensas recebidas, mas de mover à contrição e à metanoia e levar o homem, no purgatório, ao pleno amadurecimento e desabrochamento do amor divino.

Ademais, nota-se um modo de falar coisístico, quantitativo e materialístico acerca do tesouro da Igreja. Este não é uma realidade que pode ser guardada no armário da Igreja. É a Igreja que é guardada no tesouro divino. Não pode ser manipulado ao bel-prazer, como se fosse algo que a Igreja simplesmente possui, dá e retira. O tesouro da Igreja é Jesus Cristo e sua graça. Ora, tais realidades são, *ex natura sua*, imanipuláveis. Não está em nós ter *poder* possessivo sobre elas. Nós é que somos possuídos por elas. Estamos inseridos na absoluta gratuidade divina.

É verdade que a Constituição Apostólica *Indulgentiarum Doctrina* corrige este conceito, dizendo que "o tesouro da Igreja não é como a soma dos bens, no sentido de riquezas materiais, que são acumulados pelos séculos" (n. 5). Como nota Rahner, afirmar isso não é evidente e supérfluo, porque, tradicionalmente, o tesouro era concebido de forma quantitativa. Era composto pelas satisfações penais "supérfluas" dos santos que delas não necessitavam e que por isso poderiam ser aplicadas a outros no sentido de um pagamento porcional tomado de uma grande soma de bens (*Zur heutigen kirchenamtlichen Ablasslehre*, p. 515). Veremos logo a seguir uma elaboração teológica mais satisfatória do tesouro da Igreja, como já a Constituição Apostólica de Paulo VI claramente a encaminha.

Por fim o horizonte geral de compreensão da temática das indulgências se exprime numa terminologia pouco adequada aos bens espirituais e às graças sobrenaturais que são, por natureza, sempre gratuitas. Não cabem a elas as categorias humanas de poder, ganhar, aumentar, lucrar etc. Com Deus não se faz um negócio nos termos *do ut des* (dou para que dês). Mas o homem deve abrir-se a Ele filialmente como quem recebe, na gratuidade, um dom do alto, sempre imerecido e para o qual se faz necessário, como para as coisas do amor e do encontro com Deus e com os homens, preparar o coração.

As indulgências possuem, ainda hoje, um sentido profundo para a vida prática do fiel. Contudo isso tem que ser mostrado, mediatizado e fundamentado de forma mais precisa e convincente do que se fez no passado. A isso nos ajudarão as seguintes reflexões, elaboradas de forma mais detalhada por Poschmann, Rahner, Schillebeeckx, Anciaux, Schmaus e outros.

O pecado pessoal do homem não tem apenas como consequência uma ruptura com Deus e com sua graça. Ele representa também uma ruptura do homem consigo mesmo e uma alienação frente às suas próprias raízes vitais. Ele deixa atrás de si consequências (*reliquiae peccatorum*) nas atitudes, no modo de reagir diante das solicitações da vida, na fantasia etc. O pecado se insere dentro de uma história pessoal de decisões. Madura dentro de tendências más e mal orientadas que vão se articulando em atitudes geradoras de uma situação de pecado ou em pecados ocasionais, mas que traem uma estrutura mais profunda de egoísmo, de dureza do coração, de sensualismo etc.

Com o perdão sacramental do pecado, não se dissolve ainda a estrutura que produziu o pecado. Ela pode permanecer lá e ser fonte de outros pecados futuros.

A essas consequências do pecado podemos com razão chamar de penas temporais. Por isso, bem ensinava o Concílio de Trento (DS 1543, 1689, 1712 e 1715): com o perdão da culpa dentro ou fora do Sacramento da Penitência para os batizados que pecaram após o batismo não ficam perdoadas sem mais, sempre e necessariamente, as penas temporais destes pecados.

Essas consequências do pecado constituem realmente castigos, vindos não de fora, mas de dentro da própria situação de pecado. São castigos temporais porque se dão no tempo e podem ser superados já no próprio tempo.

Seu caráter de pena e castigo é experimentado pelo homem que vive a dimensão da conversão. Ele faz a experiência dolorosa, que para integrar tudo num projeto para Deus não basta apenas a boa vontade. Sente as resistências da natureza, habituada e mecanizada na imperfeição. Tem que desnovelar tendências enroladas sobre si mesmas no egoísmo e abri-las para Deus e para o outro. Tem que submeter aos ditames do amor, da esperança, da fé, paixões desordenadas que já tinham feito seu caminho. Sentimos que não nos possuímos, mas que somos possuídos pela situação de pecado. E pela metanoia queremos pertencer de todo o coração, de toda a alma e com todo o espírito a Deus. Nem somos senhores de nossa própria situação: devemos viver no mesmo ambiente de trabalho, com a mesma profissão, na mesma família, com os mesmos amigos, enfim com aquela situação que provocava pecados e criara um ritmo de vida normal na sua "anormalidade".

Conversão significa trocar de caminho, de modo de pensar e de agir dentro da mesma vida. E isso é profundamente doloroso e exigente. O homem sente a necessidade da graça de Deus; de que Ele lhe dê chances para poder desabrochar, para que encaminhe seus encontros e as situações na vida assim que lhe possibilitem tornar-se humilde quando antes era orgulhoso, generoso quando antes era egoísta, sereno no julgamento quando antes era precipitado. Sabemos que o amor perfeito, como integração total da vida na união com Deus, redime totalmente o homem, não só de seus pecados, mas também de todas as suas consequências. Contudo, o homem faz a penosa experiência de que não é capaz deste amor. Por isso deve sempre suplicá-lo a Deus.

Ora, indulgência é a graça que Deus nos concede, para que nosso amadurecimento na conversão e no amor se faça de forma cada vez mais profunda, fácil e rápida. Como diz excelentemente Karl Rahner, a "indulgência deve ser uma *ajuda* para o amor perfeito, amor capaz de perdoar todas as consequências do pecado e não um *meio* que nos poupa de caminhar o caminho de integração de nosso passado pecador com suas relíquias (*reliquiae peccatorum*)" (*Kleiner theologischer Traktat über den Ablass*, p. 479-480).

Não só cada cristão pode pedir a indulgência e o auxílio de Deus para o crescimento e o amadurecimento no amor. A Igreja, na sua oficialidade salvífica, pode pedir e suplicar a Deus em favor dos homens. Ela não é somente a reunião dos que creem. É a própria presença daquilo que se crê, de Deus, de Jesus, da salvação e do futuro absoluto. Ela é em Cristo o grande sacramento da redenção e da unidade (*Lumen Gentium* 1, 48). Por isso sua petição a Deus, devido a sua união com Cristo, formando com Ele um corpo místico, é infalível. Esse é o sentido teológico do tesouro da Igreja, palavra que, segundo nosso alvitre, deveria ser evitada e substituída por outra menos ambígua. O tesouro da Igreja, sugerimos, é a própria Igreja enquanto sacramento pleno e completo da salvação; é sinônimo do dogma da comunhão dos santos, segundo o qual todo bem, toda a graça e virtude dos homens agraciados se intercomunica e funda uma pro-funda comunhão, invisível, mas realíssima, entre todos; é o próprio Cristo, cabeça e membros, pelo qual e por causa do qual todo pecado retratado é perdoado e todas suas consequências são aliviadas ou dissolvidas.

Nesse pormenor é interessante observar que a afirmação da Constituição Apostólica sobre as indulgências – no que tange ao tesouro da Igreja – se identifica com as teses 58 e 62, defendidas por Martinho Lutero. O documento papal diz que o tesouro da Igreja "*est ipse Christus Redemptor*" (n. 5). Lutero reafirmava com insistência que "Cristo mesmo é o único tesouro da Igreja", que "Ele mesmo é o verdadeiro tesouro" (teses 58 e 62).

Pela oração eficaz da Igreja, sacramento de Cristo, a indulgência é concedida de forma certa e segura. Contudo, como nos sacramentos, a graça e a comunicação pessoal de Deus acontece no mundo e no homem, se este não lhes faz obstáculos. Em outras palavras, o homem deve se propor, realmente, o arrependimento. Pela indulgência não se estabelece, como diz Rahner (484), uma anistia entre o homem e Deus, como se, exteriormente, a pena pelos pecados devesse, por intercessão da Igreja, ser suspensa. "As indulgências não têm por tarefa e nem podem aliviar ou substituir a penitência pessoal do homem. As indulgências visam, por sua essência, alcançar, realmente, com a ajuda de Deus, rápida e facilmente, aquilo que a penitência intenciona: a total purificação e o pleno amadurecimento do homem a partir do fato central de seu agraciamento por Deus. Ela alcança sua atuação, quando está presente autêntico espírito de penitência. Sem isso, nem se pode falar em arrependimento. Sem este, não há perdão de pecados. E sem perdão de pecados não pode haver também perdão das penas temporais destes pecados" (RAHNER. *Kleiner theologischer Traktat über den Ablass*, p. 485-486).

Nesse sentido, as indulgências ganham um significado religioso profundo: elas testemunham nossa situação de peregrinos que, olhando para a pátria que é Deus mesmo, nos descobrimos pecadores e imperfeitos, mas dispostos a andar a *diritta via* numa integração total das múltiplas dimensões de nossa existência, maculada pelo pecado, pedindo a indulgência de Deus mediante a oração eficaz da Igreja para que, no tempo, nos possamos abrir mais e mais aos apelos de seu amor, contra o nosso egoísmo, de sua graça contra o nosso pecado, de sua paz e confiança contra o nosso medo e ânsia de segurança.

Ora, realizar isso é já viver a situação de purgatório, como a expusemos nas páginas acima. Esse purgatório se prolonga por toda a vida e se potencializa na hora da morte, quando eclode a verdadeira crise-acrisolamento do homem. Aquilo que pedimos para nós podemos também pedir para aqueles moribundos que se encontram na morte e na situação de purgatório. Pedimos a Deus com toda a Igreja-corpo-místico-de-Cristo que a luz, a força e a graça divina sejam comunicadas em profusão para que o homem, no purgatório, mais rápida, plena e perfeitamente desabroche para o divino amor e assim amadureça para o convívio divino. É nesse sentido que podemos, como sempre a Igreja fez, rezar pelos homens no purgatório. E estamos certos: Ele ouve nossa voz porque vem unida à voz de Cristo e de seu Espírito que conosco rezam.

Referências

ANCIAUX, P. *Le sacrement de la penitence.* Louvain: [s.e.], 1963.

BORNKAMM, G. *Thesen und Thesenanschlag Luthers* – Geschehen und Bedeutung. Berlim: [s.e.], 1967.

HÄRING, B. *A Lei de Cristo* I. São Paulo: [s.e.], 1964.

ISERLOH, E. *Luther zwischen Reform und Reformation* – Der Thesenanschlag fand nicht statt. Münster: [s.e.], 1967.

LACKMANN, B.M. *Überlegungen zur Lehre vom Schatz der Kirche* – Arbeiten zur Kirchenvereinigung. Graz: [s.e.], 1965, p. 75-175.

MÜSCHALEK, G. *Der Abläse in der heutigen Praxis und Lehre der katholischen Kirche*: Gespräch über den Ablass. Arbeiten, como acima, Graz 1965, p. 13-37.

OTT, L. *Grundrisse der katholischen Dogmatik* Freiburg: [s.e.], 1963, p. 525ss.

PERSSON, P.E. "Der wahre Schatz der Kirche". *Lutherische Rundschau* 17 (1967), p. 315-327.

POSCHMANN, B. "Der Ablass". In: *Busse und Letzte Ölung.* Handbuch der Dogmengeschichte IV/3. Freiburg: [s.e.], 1951, p. 112-123.

_____. *Der Ablass im Lichte der Bussgeschichte.* Bonn: [s.e.], 1948.

RAHNER, K. "Kleiner theologischer Traktat über den Ablass". *Schriften* VIII. Einsiedeln, 1967, p. 472-487.

_____. "Bemerkungen zur Theologie des Ablasses". *Schriften zur Theologie II.* Einsiedeln, 1964, p. 185-210.

_____. "Zur heutigen kirchenamtlichen Ablasslehre". *Schriften* VIII, Einsiedeln, p. 488-518.

SCHILLEBEECKX, E. "Der Sinn der katholischen Ablasspraxis". *Lutherische Rundschau* 17 (1967), p. 328-355.

SCHMAUS, M. *Katholische Dogmatik IV/1.* Munique, 1957, § 272.

3. O REENCARNACIONISMO E A DOUTRINA ATUAL ACERCA DA ESCATOLOGIA

A compreensão da escatologia articulada neste livro apresenta um aspecto apologético que poderá ser iluminador para o confrontamento com o espiritismo. Embora não seja de nosso feitio brandir, apologeticamente, uma compreensão contra a outra, contudo, devido à extraordinária divulgação que o espiritismo encontra no meio católico, convém ressaltar alguns pontos capitais.

Não é de todo desconhecida a dificuldade que a teologia católica depara ao argumentar contra as principais afirmações espíritas. Isso porque ambos, a tradição teológica comum e o espiritismo, movem-se, no fundo, respeitadas as diferenças existentes, dentro da mesma compreensão antropológica. Ambos afirmam a morte como separação do corpo e da alma. A alma desencarna e, por sua própria natureza, tende a unir-se à matéria. Para a teologia clássica, a reassunção da matéria corporal se verifica na consumação dos tempos, com a ressurreição universal dos mortos. Até aí a alma no além vive numa situação desnatural e anseia voltar ao corpo. Para os espíritas, isso se verifica, na história: a alma, para se purificar, assume na terra ou nos astros outras existências corporais, até purgar-se totalmente e viver com Deus.

Ambos, teologia clássica e espiritismo, afirmam o purgatório como um processo mais ou menos longo, no qual as almas se limpam de suas faltas até entrarem na visão beatífica. A teologia colocava tal processo acrisolador no após-morte. Os espíritas o situam dentro da vida em sucessivas encarnações. Para ambos, portanto, é comum a ideia de uma purificação que dura e se prolonga.

Parece-nos que a doutrina da escatologia, como está sendo elaborada pela teologia católica recente, presta-se a uma resposta mais convincente do que aquela dada tradicionalmente. Isso porque os pressupostos sobre os quais o espiritismo se baseia são fundamentalmente questionados.

a) O homem possui ou é alma?

Das reflexões feitas anteriormente se depreende que o homem constitui uma unidade radical corpo-espírito. Corpo não é uma parte do homem, coexistindo ao lado da outra parte, a alma. Alma e corpo não são coisas que se possam separar, mas dimensões de um e o mesmo homem.

Por isso não se concebe uma alma separada. Isso seria destruir sua essência, pois ela é essencialmente encarnada e não acidentalmente, de forma a poder subsistir sem a matéria. Ela seria então um anjo, mas não uma alma humana. Ora, essa compreensão torna supérflua e impossível uma reencarnação da alma em corpos sucessivos até retornar a ser puro espírito, livre da matéria, como afirmam os espíritas. Se concluirmos ainda que a ressurreição ocorre na morte, porque por ela o homem atinge sua culminância de hominização terrestre, passando para uma situação celeste, então torna-se novamente inócuo qualquer retorno à vida terrestre, para tentar novamente a experiência e aventura da existência.

Se a teologia cristã, à deriva da teologia bíblica que não conhece sequer a palavra *alma* sem corpo e *corpo* sem alma, tivesse afirmado e ensinado a unidade substancial e *essencial* do homem corpo-alma, certamente teria sido menor a tentação espírita. Na verdade, a elaboração antropológica instaurada dentro da reflexão teológica cria as bases para uma deturpação no espiritismo.

b) A doutrina da reencarnação e o problema das desigualdades humanas

Além de seu embasamento antropológico, o espiritismo postula a reencarnação como solução teórica para um velho e permanente problema da condição humana: o enigma da desigualdade. Se não fosse a reencarnação, argumenta-se, "Deus teria, nos seus caprichos, lançado na vida [...] crianças com aptidões desiguais; teria criado seres felizes e infelizes, raças inferiores e superiores" (GRANJA, Pedro. *A reencarnação e suas provas*. Curitiba, 1953, p. 15). Em vez de atribuir nossa capacidade mental ao acaso, aos caprichos de Deus, ao pistolão divino, a uma hereditariedade indemonstrável, a causas fortuitas ou a um dislate qualquer, muito mais justo, lógico, consoante às leis superiores, é ver ali o resultado do esforço próprio; não há privilégios, nem filhotismos, nem cartuchos. Todos passam pelos mesmos trâmites, e o prêmio de cada um é filho do merecimento" (IMBASSAHY, Carlos. *A reencarnação e suas provas*. Curitiba, 1953, p. 35). A desigualdade, segundo eles, significaria negação da justiça divina. Todos recebem tudo. "As almas são criadas simples e ignorantes, isto é, sem ciência e sem conhecimento do bem e do mal, mas com igual aptidão para tudo" (KARDEC, Allan. *O que é espiritismo*, p. 147). As desigualdades surgem porque os homens usaram bem ou mal suas aptidões iguais. Os imperfeitos têm que se reencarnar para galgar a aspiral ascendente da perfeição até Deus.

Essa afirmação da igualdade universal de todos em tudo é muito pobre racionalmente. Cada ser possui sua perfeição própria. Cada qual revela o Ser e Deus numa faceta única. Nada há de igual no mundo. E é bom que assim seja. O mistério que circunda tudo não se deixa esgotar por nenhum ente. O Ser está em todos os entes e no entanto não perde nada de sua essência. Revela-se diferentemente em todos e em todos se vela na sua abscondidade. Quanto mais o conhecemos, mais reluz na indefinida escala de suas revelações e mais se abre o caminho para sua articulação. E contudo ele permanece sempre escondido e retraído.

Será que o grão de areia, por ser diferente do outro, exige, para explicar sua diferença, a reencarnação?

Certamente o problema da unidade na diferença é o problema central de toda reflexão radical, desde Buda, Chuang-tzu, Parmênides, Platão até Teilhard de Chardin e Heidegger. O mistério não se resolve numa doutrina fixada, mas percebemos sua profundidade, mantendo-nos dentro do processo da unidade passando pela diferença: então se verá que tanto o bem como o mal, tanto o pequeno como o grande, remetem para uma raiz mais profunda e única. Chamemo-la Mistério, Deus, Ser, Tao, Nirvana. As palavras não a conseguem articular. Contudo, ele está sempre presente, na palavra e no silêncio. "Prazer e raiva, tristeza e alegria, esperança e perdão, mudança e estabilidade, fraqueza e firmeza, impaciência e preguiça: todos são sons da mesma flauta, todos são cogumelos do mesmo úmido mofo [...]" Mas como compreendemos a causa de tudo isso? Pode-se supor o Verdadeiro Governante por detrás de tudo. Que tal força opera, eu acredito. Não posso ver sua forma: Compreender como o compreendeu a sabedoria chinesa de Chuang-Tzu (MERTON, Thomas. *A via de Chuang-Tzu*. Petrópolis: Vozes, 1969, p. 55-56) é mergulhar no mistério da identidade na diferença. Não para compreender, mas para sentir-se em contato com as raízes das quais vivemos. "Ó homem, quem és tu, para contenderes com Deus? Poderá acaso o artefato dizer ao artífice: Por que me fizeste assim? Ou não tem o oleiro o direito de fazer um vaso precioso, ou um vaso de uso ordinário?" (Rm 9,20-21). Grande sabedoria é poder ver o mesmo mistério tanto no vaso precioso quanto no vaso de uso ordinário. Ambos, cada qual na diferença da linguagem, falam do mesmo fundamento que tudo funda, do mesmo oleiro criador. A diferença não é um mal, mas um bem e uma riqueza. Nós é que, na nossa alienação, não logramos ver Deus em tudo, até no mal e no pecado. O verdadeiro sábio é aquele que sempre está na casa do Ser e de Deus e vê a realidade pluriforme a partir de sua única raiz.

c) A doutrina da reencarnação e o problema do mal no mundo

A doutrina da reencarnação é aventada para explicar um outro mistério da condição humana: a existência do mal. "Toda falta cometida – ensina Allan Kardec – todo mal realizado é uma dívida contraída que deverá ser paga; se o não for em uma existência, se-lo-á na seguinte ou nas seguintes [...] pois o arrependimento, conquanto seja o primeiro passo para a regeneração, não basta por si só; são precisas a expiação e a reparação" (*O céu e o inferno*, p. 88-90). Assim quando homens nascem aleijados, com más tendências, aloucados ou abobalhados é porque são condenados a sofrer castigos por pecados de existências anteriores. Fala-se até na lei do Karma que exige férrea e automática punição de todos os males perpetrados.

Frei Boaventura Kloppenburg em seu livro *A reencarnação, exposição e crítica* (Vozes, 3. ed., 1957) já fez a brilhante refutação desta doutrina.

A doutrina da reencarnação sofre de uma profunda indigência antropológica. Não toma o homem a sério em suas decisões. O homem é um ser que, graças a seu livre-arbítrio, pode dizer não a Deus. Não apenas pode, mas sustenta sua decisão e com isso cria uma existência absurda. Ele é responsável, isto é, responde por sua vida.

Os reencarnacionistas não valorizam suficientemente essa existência, nem a dignidade do homem de poder abrir-se ou fechar-se ao Mistério e assim ser criador de uma história. Ele não é um marionete no palco de Deus. Pode ser até um concorrente de Deus. Nisso reside sua dignidade e sua sacralidade invioláveis.

Os males provêm desta liberdade abusada do homem. A frase: "Se Deus existisse não haveria guerras", nesse contexto de liberdade é inexata. Exato seria: "Se as leis de Deus se cumprissem não haveria guerras" (KLOPPENBURG. *A reencarnação, exposição e crítica*, p. 111).

Ademais, por que deveríamos ser castigados por males dos quais não temos a mínima lembrança de os havermos cometido? Já um antigo sábio, Eneias Gazaeus, argumentava: "Eu, quando tenho de castigar meu filho ou meu servo [...] começo por admoestá-los a fim de se lembrarem bem para o futuro e assim poderem evitar o recair no mesmo erro. Não deveria Deus, quando envia as mais terríveis punições, instruir aqueles que as sofrem acerca do motivo desses castigos? Poderia ele tirar-nos de todo a recordação de nossos crimes? Que proveito se há de esperar da punição se ninguém nos mostra qual foi nossa culpa? Em verdade, semelhante castigo vai contra o que pretende: irrita e leva à revolta" (cf. *Patrologia Grega* 85, p. 302).

A lei do Karma envolve absurdidades que certamente os reencarnacionistas não subscreveriam: "Quando um homem mau persegue o seu semelhante, quando um ladrão furta, quando o capanga mata, é sempre instrumento da justiça divina [...] O próximo o mereceu de outras encarnações [...] Quando um amigo atraiçoa o outro, rouba-o, deixa-o na miséria, devia ser abraçado por este com lágrimas de gratidão. Não lhe podia fazer um bem maior [...] Estava escrito. Ele o tinha merecido em outra encarnação" (KLOPPENBURG. *A reencarnação, exposição e crítica*, p. 117).

A pressuposição desta teoria é que existe uma retribuição mecânica e automática dos atos humanos. Estes são como que tarifados com os respectivos prêmios e castigos. Ora, a salvação humana e o comportamento ético se estatuem no nível pessoal, onde cada qual é único e irredutível. A pessoa não possui a estrutura de uma coisa, que permanece sempre inalterável e pode ser aplicada a outras coisas. A pessoa é liberdade, interioridade e a síntese pessoal e consciente da realidade. A salvação é consequência de toda uma orientação da pessoa e não do cálculo matemático do débito e do haver de nossos atos. Por que deveria assumir novos corpos, se é sempre o mesmo homem que se decide? Por que ele haveria de se decidir diferentemente em outra existência? A alma não é uma pessoa completa que possa ser enviada a um corpo. É no corpo e encarnado na matéria que o espírito vive e se decide. "Para a Sagrada Escritura – bem observava o Padre Congar – um homem não é uma alma que *vem* a um corpo, mas é uma pessoa que nasce corporalmente" (*Vaste monde, ma paroisse*, p. 210).

Na morte seremos julgados por aquilo que houvermos feito no nosso corpo, isto é, na nossa vida. Esta forma uma unidade que inclui o corpo como o *meu* corpo que participa do destino pessoal. Na morte se fixa a existência humana conforme a orientação que lhe tivermos conferido, estando no corpo: pró ou contra Deus. A ressurreição do homem, como plenitude do corpo e da alma, ou de sua frustração, não é um novo lugar de prova e de exercício expiador, mas a vida mesma de Deus, participando de sua glória e natureza divinas, ou de sua completa ausência, caso for uma ressurreição para a perdição.

O apelo às reminiscências do *déjà vu*, às intuições, ao fenômeno dos gênios, com os conhecimentos que hoje possuímos da psicologia das profundezas e da parapsicologia se deixam explicar de forma científica, adequada e mais convincente do que o faz a interpretação reencarnacionista.

Referências

CONGAR, Y. "Réincarnation?" In: *Vaste monde, ma paroisse*. Paris: [s.e.], 1966, p. 208-211.

CRANSTON, Head. *Réincarnation, An East-West Anthology*. Nova York: [s.e.], 1961.

GRANJA, P. *A reencarnação e suas provas*. Curitiba: [s.e.], 1953 [com outros autores como Carlos Imbassahy e Mário Cavalcanti de Melo].

KLOPPENBURG, Frei Boaventura. *A reencarnação, exposição e crítica*. 3. ed. Petrópolis: Vozes, 1957.

II. Céu

1. A ENTRADA NO CÉU

Um homem de grande oração e que conhecia por experiência as dimensões espirituais e místicas do mundo descreveu, certa vez, a entrada no céu, com as seguintes imagens:

"De repente acordei da agonia da morte. Havia-me tornado totalmente eu mesmo, mediante uma decisão global e definitiva para Deus. E eis que se abre diante de mim um mundo novo, profundo, espiritual e diáfano. Multidões de seres gloriosos acorrem ao meu encontro. O céu inteiro se volta para mim, como se fora o seu próprio centro. Admiração, amor e mesmo adoração dos santos e dos anjos são tributados a mim. Não ao meu fraco, pobre e mínimo ser criado, mas Àquele de quem eu me tornei o invólucro transparente. Como na mais pura luz do meio-dia, do amor divino, tudo está aí, ao meu derredor. Passo, como um rei, de permeio aos seres profundamente inclinados diante de mim.

De súbito, um santo ardor, já experimentado, mas agora vivido em sua plenitude, me toma totalmente e me inflama todas as veias: Deus está aí!

Aí estou eu, mudo. Não cabe a mim falar. As Pessoas divinas vêm ao meu encontro. Agradecem-me, porque cri no seu amor. Admiram-me a mim, miserável vermezinho. Basta tocar-me, levemente sequer, para reduzir-me ao nada. Agradecem a mim, cujos melhores pensamentos, se pensados pelos anjos, perderiam imediatamente sua luz divina. Admiram-me porque consegui o céu. Mas eu sei que nada sou, embora tenha conseguido essa maravilha que causa espanto às profundezas celestiais.

Tudo é graça. As Pessoas divinas dizem-me quão inquieto estava seu coração até que ele descansasse em mim. Elas presenteiam-me com tudo: com seu saber para que conheça o cosmos, os homens e os anjos; seu querer para consagrar todo ser ao serviço do amor; seu Amor para que com seu próprio Amor possa abraçá-las e todos os seres nelas. Minha língua emudece".

O falar deve emudecer, para deixar o coração, cheio de unção, sozinho com suas intuições. Não devemos ter medo de pintar o céu com nossas próprias representações. As representações humanas são também santas. Temos o direito de humanizar o Divino e o Celestial. Porque não nos podemos eternamente equiparar com a irreversível humanização de Deus que acorreu com a encarnação de Cristo.

Ladislaus Boros
Erlöstes Dasein
Mainz, 1966, p. 129-130

2. QUE SIGNIFICA: CRISTO SUBIU AOS CÉUS?

Ao refletirmos sobre o céu no capítulo V, dizíamos que o céu não é um lugar para o qual vamos, mas uma situação na qual seremos transformados, se vivermos no amor e na graça de Deus. O céu de nossas estrelas e das viagens espaciais dos astronautas e o céu de nossa fé não são, portanto, idênticos. Por isso, quando rezamos no credo, domingo após domingo, que Cristo subiu aos céus, não queremos dizer que Ele, antecipando-se à técnica moderna, empreendeu uma viagem sideral. Para o céu da fé não existe tempo, direção, distância, espaço. Isso vale para o nosso céu temporal. O céu da fé é Deus mesmo de quem as Escrituras dizem: "Ele mora numa luz inacessível" (1Tm 6,16).

Da mesma forma, a *subida* de Cristo ao céu não é idêntica à subida de nossos foguetes. Estes se deslocam sempre de um espaço a outro, encontram-se continuamente dentro do tempo e jamais podem escapar para fora destas coordenadas, por mais longe que viajarem pelos espaços indefinidos. A subida de Cristo ao céu é também uma passagem, mas do tempo para a eternidade, do visível para o invisível, da imanência para a transcendência, da opacidade do mundo para a luz divina, dos homens para Deus.

Com a ascensão ao céu, Cristo foi, portanto, entronizado na esfera divina. Ele penetrou num mundo que escapa às nossas possibilidades. Ninguém sobe se não for levado, por Deus, para lá (cf. Lc 24,51; At 1,9). Ele vive agora com Deus, na absoluta perfeição, presença, ubiquidade, amor, glória, luz, felicidade, tendo alcançado a meta a qual toda criação foi e está chamada a lograr. Quando rezamos Cristo subiu ao céu, pensamos em tudo isso.

E que dizer da narração de São Lucas no final de seu evangelho (24,50-53) e no início dos Atos dos Apóstolos (1,9-11) onde ele conta, com alguns detalhes, a subida de Cristo aos céus até que uma nuvem o ocultou aos olhos dos espectadores? Se a ascensão de Cristo não significa uma subida física ao céu estrelar, por que então São Lucas a pintou assim? O que ele quis dizer? Para responder a isso precisamos compreender uma série de dados sobre estilo e gênero literário da literatura antiga.

a) A ascensão foi visível ou invisível?

Primeiramente constatemos o fato de que é *somente* São Lucas quem narra o acontecimento da ascensão em termos de um ocultamento palpável e de um desaparecer visível de Cristo nos céus, quarenta dias após a Ressurreição. São Marcos diz apenas: "O Senhor Jesus, depois de falar com eles, foi assunto ao céu e está sentado à direita de Deus" (16,19). Sabemos que o final de Marcos (16,9-20) é um acréscimo posterior e este trechinho depende do relato de São Lucas. São Mateus não conhece nenhuma cena de ocultamento de Jesus. Ele termina assim seu evangelho: "Jesus lhes disse: Todo o poder me foi dado no céu e na terra [...] Eis que estou convosco todos os dias até a consumação dos séculos" (28,18-20). Para São Mateus, Jesus já ascendeu ao céu, com sua ressurreição. Quem diz: "Todo o poder me foi dado no céu e na terra", já foi investido deste poder. Já está à direita de Deus nos céus. Para São João, a morte de Jesus significou já a passagem para o Pai (Jo 3,13): "Eu deixo o mundo e vou para o Pai" (16,28). Quando diz: "Recebei o Espírito Santo", segundo a teologia de São João, significa que Jesus já está no céu e de lá envia seu Espírito (Jo 7,39; 16,7). Para Paulo a ressurreição significava sempre elevação em poder junto a Deus (Rm 1,3-4; Fl 2,9-11). São Pedro também fala de Jesus Cristo "que subiu ao céu e está sentado à direita de Deus" (1Pd 3,22). A 1Tm 3,16 fala da sua exaltação na glória.

Em todas estas passagens, a ascensão não é um acontecimento visível aos apóstolos, mas invisível em conexão imediata com a ressurreição. Essa perspectiva que via, num relance só, ressurreição e ascensão, se manteve, apesar do relato de São Lucas, até o século IV, como testemunham os padres como Tertuliano, Hipólito, Eusébio, Atanásio, Ambrósio, Jerônimo e outros. Por exemplo, São Jerônimo pregava: "o domingo é o dia da ressurreição, o dia dos cristãos, o nosso dia. Por isso se chama dia do Senhor, porque nesse dia Nosso Senhor subiu, vitorioso, ao Pai' (*Corpus Christianorum Latinorum* 78, p. 550).

A Liturgia, da mesma forma, celebrou até o século V como uma festa única páscoa e ascensão. Somente a partir de então, com a historização do relato lucano, desmembrou-se a festa da ascensão como festa própria.

O sentido da ascensão era o mesmo que a ressurreição: Jesus não foi revivificado nem voltou ao tipo de vida humana que possuía antes de sua morte. Ele foi entronizado em Deus e constituído Senhor do mundo e juiz universal, vivendo a vida divina na plenitude de sua humanidade.

Eis que surge a pergunta: Se a ascensão não é nenhuma narrativa senão uma afirmação sobre o modo novo de viver de Jesus junto a Deus, por que São Lucas a transformou numa narrativa? Afinal, está ele interessado em comunicar, em primeira linha, fatos históricos exteriores? Ou, através de semelhante narrativa, transmitir-nos uma compreensão mais profunda de Jesus e da continuação de sua obra na terra? Parece-nos que esta última pergunta deva ser transformada numa resposta.

b) Ascensão, esquema literário

Vejamos, primeiramente, os textos. No final de seu evangelho narra: "Levou os discípulos até perto de Betânia, e, levantando as mãos, abençoou-os. E, enquanto os abençoava, apartou-se deles e era elevado ao céu. E eles, depois de se prostrarem diante dele, voltaram a Jerusalém, com grande alegria, e estavam continuamente no templo, bendizendo a Deus" (24,50-53).

Nos Atos se conta: "E dito isto, à vista deles foi elevado, e uma nuvem ocultou-o aos seus olhos. E estando com os olhos fitos no céu, enquanto Ele partia, eis que dois varões com vestes brancas puseram-se diante deles e lhes disseram: Varões da Galileia, por que estais olhando para o céu? Esse Jesus, que de entre vós foi levado ao céu, virá assim como o vistes ir para o céu" (1,9-11).

Nesses dois relatos trata-se, realmente, de uma cena de ascensão visível e de ocultamento. Cenas de ocultamento e ascensão não eram desconhecidas no mundo antigo greco-romano e judaico. Era uma maneira de narrativa da época para realçar o fim glorioso de um grande homem. Descreve-se uma cena com espectadores. A personagem famosa dirige suas últimas palavras ao povo, aos amigos ou discípulos. Então é arrebatado ao céu. A ascensão é descrita com motivos de nuvens ou escuridão para caracterizar sua numinosidade e transcendência.

Assim, por exemplo, Tito Lívio em sua obra histórica sobre Rômulo, o primeiro rei da cidade de Roma, narra o seguinte: Certo dia, Rômulo organizou uma assembleia popular junto aos muros da cidade, para encorajar o exército. De repente, irrompeu uma forte tempestade. O rei foi envolto numa nuvem espessa. Quando a nuvem se dissolveu, Rômulo não se encontrava mais sobre a terra. Fora arrebatado ao céu. O povo ficou, a princípio, perplexo, depois começou venerar Rômulo como um novo deus e como o pai da cidade de Roma (*Livius* 1,16). Outras ascensões foram narradas na Antiguidade como a de Héracles, Empédocles, Alexandre, o Grande e Apolônio de Tiana. Todas seguem o mesmo esquema, descrito acima.

O Antigo Testamento conta o arrebatamento de Elias, descrito por seu discípulo Eliseu (2Rs 2,1-18) e faz uma breve referência à ascensão de Henoch (Gn 5,24). É interessante observar como o Livro de Henoch eslávico, escrito judeu do primeiro século depois de Cristo, descreve a *ascensio Henoch:* "Depois de Henoch haver falado ao povo, Deus enviou forte escuridão sobre a terra que envolveu todos os homens que estavam com Henoch. E vieram os anjos e tomaram Henoch e o levaram até o mais alto dos céus. Deus o recebeu e o colocou diante de sua face para sempre. Desfez-se a escuridão da terra e fez-se luz. O povo assistiu a tudo, mas não entendeu como Henoch fora arrebatado ao céu. Louvaram a Deus e foram para casa aqueles que tais coisas presenciaram" (LOHFINK, G. *Die Himmelfahrt Jesu*, p. 11-12).

Os paralelos entre a narrativa de São Lucas e as outras narrativas salta aos olhos. Não resta dúvida que a passagem de Jesus do tempo para a eternidade, dos homens para Deus é descrita numa história de ocultamento, forma literária essa conhecida e comum na Antiguidade. Não que Lucas tivesse imitado alguma história de ocultamento anterior a ele. Ele fez uso de um esquema e de um modelo de narrativa que estava à disposição naquele tempo.

Nós fazemos o mesmo, quando utilizamos, na catequese, o psicodrama, o teatro e mesmo o gênero novela, para comunicarmos uma verdade revelada e cristã aos nossos ouvintes de hoje. Fazendo isso, nos movemos dentro de um esquema próprio a cada gênero, sem com isso perdermos ou deturparmos a verdade cristã que queremos testemunhar e comunicar. A Bíblia está cheia de tais recursos. Iríamos longe se fôssemos trazer exemplos. Existe farta literatura científica e de divulgação atinente a esse assunto.

Em conclusão podemos reter que a verdade dogmática "Cristo subiu ao céu" (1Pd 3,22) ou "Ele foi exaltado em glória" (1Tm 3,16) foi historizada muito provavelmente por São Lucas mesmo.

c) O que São Lucas quis dizer com a Ascensão?

Por que São Lucas historizou a verdade da glorificação de Jesus Cristo junto a Deus? Analisando seu evangelho, descobrimos nele não apenas um grande teólogo, mas também um refinado escritor que sabe criar a "pointe" numa narração e sabe como começar e concluir de forma perfeita um livro. Nesse sentido se entendem as duas narrações da ascensão, uma concluindo o evangelho e outra abrindo os Atos dos Apóstolos.

Como conclusão do evangelho, ganha grande força de expressão, porque utiliza um gênero que exatamente se prestava a exaltar o fim glorioso de algum grande personagem. Jesus era muito maior que todos, pois era o próprio Filho de Deus que retornava para donde viera: o céu. A isso ele acrescenta ainda alguns motivos que ressaltam ainda mais quem é Jesus: no evangelho lucano Jesus nunca abençoara os discípulos; agora o faz; nunca fora também adorado por eles e agora é adorado pela primeira vez. Assim fica claro: com sua subida ao céu, a história de Jesus atingiu sua perfeição plena; com a ascensão os discípulos compreendem a dimensão e a profundida do acontecimento.

Mas por que a ascensão é relatada duas vezes e sob formas diferentes? Nos Atos, além dos motivos literários presentes no evangelho lucano, entram motivos teológicos. Sabemos que a comunidade primitiva esperava para logo a vinda do Cristo glorioso e o fim do mundo. Na liturgia rezavam com frequência a oração: *marana-tha*, vem, Senhor! No entretanto, o fim não veio. Ao tempo em que Lucas escreveu seu evangelho e os Atos, a comunidade e principalmente Lucas dão-se conta desta protelação da parusia. Muitos fiéis já haviam morrido e Paulo estendera a missão pelo Mediterrâneo a fora. Isso exigia um esclarecimento teológico. Por que o fim não veio? Lucas tenta dar uma resposta a esta pergunta angustiante e frustradora.

Já no seu evangelho, ele reelabora as passagens que falavam muito diretamente da vinda próxima do Senhor. Assim quando o Jesus de Marcos diz, diante do Sinédrio: "Vereis o Filho do Homem sentado à direita do Poder e vir sobre as nuvens dos céus" (14,62), Lucas faz Jesus dizer apenas: "Desde agora o Filho do Homem estará à direita do poder de Deus" (22,69).

Para São Lucas a vinda de Cristo e o fim do mundo não são mais iminentes. Ele aprendeu a lição da história e vê nisso o desígnio de Deus. O tempo que agora se inaugura é o tempo da missão, da Igreja e da história eclesiástica. Essa constatação São Lucas coloca no frontispício dos Atos e está contida também na narrativa da ascensão de Jesus ao céu. Cristo não vem, como esperavam, Ele vai. Voltará ainda um dia, mas no final dos tempos.

Como diz excelentemente o exegeta católico Gerhard Lohfink a quem seguimos em toda esta exposição: "O tema de At 1,6-11 (ascensão) é o problema da parusia. Lucas quer dizer aos seus leitores: pelo fato de que Jesus ressuscitou não significa que a história já chegou ao seu fim e que a vinda de Jesus em glória esteja iminente. Ao contrário: páscoa significa exatamente que Deus cria espaço e tempo para a Igreja se desenvolver, a partir de Jerusalém, Judeia e Samaria até os confins da terra. Por isso resulta errado ficar aí parado e olhar para o céu. Somente quem dá testemunho missionário de Jesus é que entendeu corretamente a páscoa. Jesus virá. Quando? Isso é assunto reservado a Deus. A tarefa dos discípulos é se constituírem agora no mundo como Igreja" (53-54). Em outras palavras, é isso o que Lucas intencionou com o relato da ascensão nos Atos.

Comparando as duas narrativas, a do evangelho com aquela dos Atos, notam-se consideráveis diferenças. As nuvens e os anjos do relato nos Atos não aparecem no evangelho. Aqui Jesus se despede com uma bênção solene; nos Atos ela falta totalmente. As palavras de despedida no evangelho e nos Atos divergem profundamente. Estas diferenças se compreendem porque Lucas não quis fazer um relato de um fato histórico. Quis ensinar uma verdade, como a expusemos acima, para a qual os motivos introduzidos e diferentes deviam servir.

A verdade do relato não está se houve ou não bênção, se Jesus disse ou não disse esta frase, se apareceram ou não dois anjos ou se os apóstolos estavam ou não no Monte das Oliveiras olhando para o céu. Quem busca esse tipo de verdade não busca a verdade de fé, mas apenas uma verdade histórica que até um ateu pode constatar. Quem quer saber se a história da ascensão de Jesus ao céu é verdadeira – e isso *nossa fé* quer saber – então deve perguntar: É certa a interpretação teológica que Lucas dá da história após a ressurreição? É verdade que Deus deixou um tempo entre a ressurreição e a parusia para a missão e para a Igreja? É certo que a Igreja por causa disso não deve só olhar para o céu, mas também para a terra?

Ora, hoje estamos numa situação melhor para responder do que os contemporâneos de Lucas, pois temos atrás de nós uma história de quase dois mil anos de cristianismo. Podemos, com toda segurança e fé, dizer: Lucas está com a verdade. Sua narrativa acerca da ascensão de Jesus aos céus, nos Atos, além de interpretar corretamente a história de seu tempo, era uma profecia para o futuro. E ela se realizou e está ainda se realizando. Jesus Cristo penetrou naquela dimensão que olho algum jamais viu e ouvido algum jamais ouviu (cf. 1Cor 2,9). Ele que em vida pouco sucesso teve e morreu miseravelmente na cruz foi pela ressurreição constituído Senhor do mundo e da história. Ele está apenas invisível. Não é um ausente. Lucas o diz na linguagem da época: "à vista deles foi elevado, e uma nuvem ocultou-o a seus olhos" (At 1,9). A nuvem não é um fenômeno meteorológico. É o símbolo da presença misteriosa de Deus. Moisés no Sinai experimenta a proximidade divina dentro de uma nuvem: "Ao galgar Moisés a montanha, nuvens envolveram toda a montanha. A glória de Javé baixou sobre o Monte Sinai e as nuvens o cobriram por seis dias" (Ex 25,15). Era a proximidade de Deus. Quando a arca da aliança foi entronizada no templo de Salomão se diz "que uma nuvem encheu a casa de Javé. Os sacerdotes não podiam, por causa da nuvem, pôr-se a serviço, pois a glória de Javé enchia toda a casa" (1Rs 8,10). A nuvem, pois, significa: Deus ou Jesus está presente, mas de forma misteriosa. Não pode ser apalpado e, contudo, está aí, revelado e velado ao mesmo tempo. A Igreja é seu sinal-sacramento no mundo, os sacramentos o tornam visível, sob a fragilidade material de alguns sinais, a Palavra o deixa falar na nossa linguagem, convidando os homens para a adesão à sua mensagem que, vivida, os levará para aquela dimensão na qual Ele agora existe: o céu.

Tudo isso está presente na teologia da ascensão de Jesus ao céu. Essa é a verdade do relato que Lucas ainda hoje nos quer transmitir, para que "nos prostremos diante dele, Jesus, e voltemos para a nossa Jerusalém, cheios de grande alegria" (cf. Lc 24,52).

Referências

LOHFINK, G. *Die Himmelfahrt Jesu* – Erfindung oder Erfahrung (Katholisches Bibelwerk). Stuttgart: [s.e.], 1972 [a quem especialmente seguimos em nossa exposição].

_____. "Der historische Ansatz der Himmelfahrt Christi". *Catholica* 17, 1963, p. 44-84.

_____. "Aufgefahren in den Himmel". *Geist und Leben* 35,1962, p. 84-85.

RIGAUX, B. O.F.M. *Témoignage de l'évangile de Luc*. [s.l.]: Desclée de Brouwer, 1970.

SCHLIER, H. "Jesu Himmelfahrt nach den lukanischen Schriften". *Geist und Leben* 34,1961, p. 91-99.

III. Inferno

1. DO INFERNO E DO FOGO ETERNO: CONSIDERAÇÃO MÍSTICA DE F. DOSTOIEVSKI

"Meus padres, pergunto a mim mesmo: "Que é o inferno?" Defino-o assim: "O sofrimento por não poder mais amar". Uma vez, no infinito do espaço e do tempo, um ser espiritual, pela sua aparição na terra, teve a possibilidade de dizer: "Eu sou e eu amo". Uma vez somente foi-lhe concedido um momento de amor ativo e vivo; para isso foi-lhe dada a vida terrestre, limitada no tempo. Ora, esse ser feliz repeliu esse dom inestimável, nem o apreciou nem o amou, considerou-o ironicamente, ficou a ele insensível.

Tal ser, tendo deixado a terra, vê o seio de Abraão. Entretém-se com ele como está dito na parábola de Lázaro e do mau rico. Contempla o paraíso. Pode elevar-se até o Senhor. Mas o que o atormenta é precisamente o fato de que se apresenta sem ter amado. Entra em contato com aqueles que amaram e cujo amor desdenhou. Agora tem a clara noção das coisas. Diz a si mesmo: "Apesar de minha sede de amor, esse amor será sem valor. Não representará nenhum sacrifício porque a vida terrestre terminou. Abraão não virá aplacar – ainda que com uma só gota de água viva – minha sede ardente de amor espiritual, que agora me abrasa, depois de tê-la desdenhado na terra. A vida e o tempo passaram agora.

Daria com alegria minha vida pelos outros, mas é impossível. A vida que se podia sacrificar ao amor já decorreu. Um abismo a separa da existência atual.

Fala-se no fogo do inferno no sentido literal. Temo sondar esse mistério. Mas penso que, se houvesse mesmo verdadeiras chamas, os danados se regozijariam, porque esqueceriam nos tormentos físicos, ainda que por um instante, a mais horrível tortura moral. É impossível libertá-los dela, porque esse tormento está neles e não fora deles. E, se pudesse, penso que mais desgraçados seriam ainda. Mesmo que os justos dos céus os perdoassem avista de seus sofrimentos e os chamassem a si no seu amor infinito, não fariam senão aumentar-lhes esse sofrimento. Excitariam neles essa sede ardente de um amor correspondente, ativo e grato, doravante impossível.

Na timidez de meu coração, penso, no entanto, que a consciência dessa impossibilidade acabaria por aliviá-los. Tendo aceitado o amor dos justos sem poder a ele corresponder, sua humilde submissão criaria uma espécie de imagem e de imitação desse amor ativo e por eles desdenhado na terra.

Lamento, irmãos e amigos, não poder formular claramente isto. Mas infelizes aqueles que se destruíram a si mesmos. Infelizes suicidas! Penso que não pode haver mais infelizes do que eles.

É pecado, dizem-nos, orar a Deus por eles, e a Igreja aparentemente os repudia. Mas meu pensamento íntimo é que se poderia rezar por eles também. O amor não haveria de irritar o Cristo. Toda minha vida tenho rezado em meu coração por esses infortunados, confesso-vo-lo, meus padres. E ainda agora.

Oh! Há no inferno seres que permanecem soberbos e intratáveis, malgrado seu conhecimento incontestável e a contemplação da verdade inelutável. Há-os terríveis, que se tornaram totalmente presa de satanás e de seu orgulho. São mártires voluntários que não podem satisfazer-se com o inferno. Porque são eles próprios malditos, tendo amaldiçoado Deus e a vida. Nutrem-se de seu orgulho irritado, como um esfomeado no deserto se poria a sugar seu próprio sangue. Mas são insaciáveis por todos os séculos dos séculos e repelem o perdão. Amaldiçoam a Deus que os chama e quereriam que Deus se aniquilasse, Ele e a toda a sua criação.

E arderão eternamente no fogo de sua cólera. Terão sede da morte e do nada. Mas a morte fugirá deles".

Fiódor M. Dostoievski
Os Irmãos Karamazovi
(Os Imortais da Literatura Universal, 1)
São Paulo, 1971, p. 236-237.

2. O SOLIDÁRIO E O SOLITÁRIO – O CÉU E O INFERNO

Naquele tempo – diz uma velha lenda chinesa – um discípulo perguntou ao Vidente:

Mestre, qual é a diferença entre o céu e o inferno? E o Vidente respondeu:

Ela é muito pequena e contudo com grandes consequências.

Vi um grande monte de arroz. Cozido e preparado como alimento. Ao redor dele muitos homens. Famintos, quase a morrer. Não podiam se aproximar do monte de arroz. Mas possuíam longos palitos de 2-3 metros de comprimento – os chineses, naquele tempo, já comiam o arroz com palitos. Apanhavam, é verdade, o arroz. Mas não conseguiam levá-lo à própria boca. Porque os palitos, em suas mãos, eram muito longos. E assim, famintos e moribundos, juntos, mas solitários permaneciam, curtindo uma fome eterna, diante de uma fartura inesgotável. E isso era o inferno.

Vi outro grande monte de arroz. Cozido e preparado como alimento. Ao redor dele muitos homens. Famintos, mas cheios de vitalidade. Não podiam se aproximar do monte de arroz. Mas possuíam longos palitos de 2-3 metros de comprimento. Apanhavam o arroz. Mas não conseguiam levá-lo à própria boca. Porque os palitos, em suas mãos, eram muito longos. Mas com seus longos palitos, em vez de levá-los à própria boca, serviam-se uns aos outros o arroz. E assim matavam sua fome insaciável. Numa grande comunhão fraterna. Juntos e solidários. Gozando a excelência dos homens e das coisas. Em casa, com o Tao. E isso era o céu.

3. QUE SIGNIFICA: CRISTO DESCEU AOS INFERNOS?

O inferno significa a absoluta frustração humana, o reino da solidão e a total incapacidade de amar. O Novo Testamento faz algumas afirmações verdadeiramente surpreendentes sobre uma descida de Cristo aos infernos. Para a fé, estas afirmações são de tal importância que no credo rezamos: "Creio em Jesus Cristo [...] que padeceu sob Pôncio Pilatos, foi crucificado, morto e sepultado, *desceu aos infernos* [...]" Talvez nenhum artigo do credo seja tão obscuro e incompreendido como este. No entanto, encerra uma verdade muito profunda sobre as dimensões do mistério da aniquilação de Deus e da universalidade do gesto salvador de Jesus Cristo. Convém que aprofundemos o significado deste capítulo.

a) Cristo desceu aos infernos e não ao inferno

Os textos que falam de uma ida de Cristo aos infernos são os seguintes:

1Pd 3,19: "Cristo no Espírito foi pregar aos espíritos que estavam na prisão". O texto faz referência aos homens rebeldes, como no tempo de Noé, mas que agora podem ouvir a pregação salvadora de Cristo. Por isso todos "terão de dar conta àquele que está pronto para julgar vivos e mortos. Pois para isso foi anunciada a boa-nova aos mortos, para que, condenados em carne, segundo os homens, vivam no Espírito segundo Deus" (1Pd 4,5-6).

São Pedro nos Atos diz que Jesus com sua morte "não foi abandonado no Hades" (At 2,31). São Paulo menciona uma descida de Cristo ao abismo (Rm 10,7). Na carta aos efésios se diz que "Ele desceu às partes ínfimas da terra. O mesmo que desceu foi o que subiu sobre todos os céus para encher tudo" (Ef 4,9-10). O Apocalipse apresenta Cristo como aquele que é o Senhor dos infernos: "Eu tenho a chave da morte e dos infernos" (Ap 1,18). Todos dobram o joelho diante dele, "os que habitam nos céus, na terra e nos infernos" (Fl 2,10).

Como se depreende destes textos, Cristo com sua morte foi aos infernos e não ao inferno. Os infernos ou o Hades constituíam para o mundo antigo a situação de todos os mortos. Eles viviam nos infernos ou no Hades uma vida de sombras, para alguns, mas, para outros, menos feliz. Infernos significa simplesmente as partes inferiores ou ínfimas da terra. Cristo fala de si mesmo, dizendo que, à semelhança de Jonas no ventre da baleia, ele passará "três dias e três noites no coração da terra" (Mt 12,40). Esses *infernos* não devem ser confundidos com o *inferno*, que é a radical ausência de Deus, a situação dos que a si mesmos e voluntariamente se isolaram de Deus e de Cristo. Cristo não "desceu" a esse inferno. Mas qual é o significado destes textos, na realidade, bastante mitológicos?

b) Cristo assumiu a derradeira solidão da morte

O significado primeiro e óbvio de algumas destas passagens é ressaltar a realidade da morte de Cristo. Na representação mítica da época, Cristo com sua morte desceu realmente ao Hades. Morreu de verdade e participou da sorte de todos os mortais.

Isso, porém, não consiste numa mera constatação de óbito. A morte de Cristo encerra um significado profundo, do momento em que refletirmos, como já o fizemos anteriormente, na dimensão que a morte humana possui. Ela implica uma cisão entre o tempo e a eternidade, entre o modo terrestre de viver e o modo celeste. Implica também uma derradeira decisão. Esta decisão significa uma radical solidão do homem diante de Deus. A morte cria um silêncio profundo. Na morte o homem está só, no despojamento total de tudo o que o cerca, do mundo com suas cores, da atmosfera do estar-em-casa, das vozes do amor e da amizade. Desfaz-se o corpo terrestre. O homem desce às partes ínfimas da *humanitas*. Nessa última solidão se dá a decisão definitiva que faz romper a solidão para se entregar a um Tu e viver uma eterna comunhão ou cristaliza a solidão, eternamente, e se chama então de inferno.

O homem teme a morte, porque teme o vácuo. Ele foi feito, não para viver, mas para con-viver. Cristo, ao morrer, participou da situação humana mortal. Sentiu, mais do que ninguém, porque Ele é por excelência o Vivente (Ap 1,18), a solidão da morte, o sentir-se abandonado da vida, da corporalidade material, do mundo, dos homens, das palavras de consolo e da convivência familiar e amical. Com sua encarnação tudo assumiu, também a solidão da morte. Ele se abaixou até às últimas raízes da condição humana. Encarnou não só a vida com tudo o que ela significa de possibilidades de encontro, de amor, de crescimento, mas também a morte com tudo o que ela implica em aniquilação, abandono e solidão. "Mas aquele que desceu é também aquele que subiu" (cf. Ef 4,10). Se Ele desceu, foi para nos assegurar: não temais; eu tenho as chaves da morte; eu venci a morte; eu passei pela porta da última solidão; lá onde não havia nenhuma presença, estou eu; lá onde não se ouvia nenhuma palavra, está a minha voz; lá onde havia um derradeiro abandono, está o meu aconchego; lá onde reinava a morte, mora a vida.

Ao rezarmos *Cristo desceu aos infernos* professamos a morte-solidão de Cristo e ao mesmo tempo a morte-vitória. Sua solidariedade até aos infernos de nossa situação nos libertou para sempre. Não morremos mais sós.

Essa interpretação da morte não é uma abstração arbitrária. A morte como despedida e solidão é uma experiência da própria vida. A morte não ocorre no fim da vida. Acontece em cada momento da vida. A vida é mortal, isto é, vai morrendo lentamente até acabar de morrer. Não fazemos a experiência que, dia a dia, nos estamos despedindo das coisas e dos homens? Não experimentamos uma solidão que vai crescendo? À medida que vamos vivendo e envelhecendo sentimos que a realidade nos escapa e se torna cada vez mais distante. Já não vibramos, como outrora, diante de uma paisagem soberba. Antes, um poste de luz, na sua generosidade fundamental, iluminando bons e maus, podia-nos causar grande admiração. Agora ele é apenas um poste de luz. Antes, um gesto amigo, um olhar, uma palavra nos enchia a vida. Agora, essas realidades vão, pouco e pouco, perdendo sua vivacidade. Assim vamos fazendo a experiência da indigência da vida até o seu total esvaziamento, na morte. Esse processo começou desde que iniciamos a viver: fomos descendo e descendo cada vez mais às partes mais ínfimas do mundo e do homem. Ora, nosso irmão Jesus Cristo viveu essa dimensão humana. Ele desceu aos infernos como nós, para nos elevar "até os céus e assim encher tudo" (Ef 4,10).

c) A verdade de uma afirmação mitológica

O texto de São Pedro (3,19) sobre a ida de Cristo aos infernos para pregar aos espíritos que estavam na prisão é devedor de uma representação mitológica. A tradição grega conhece várias descidas de personagens mitológicas, como Teseu, aos infernos. A tradição apócrifa judaica conhece especialmente a descida de Henoch. A interpretação tradicional da descida de Cristo aos infernos não é menos mitológica. Representa um encontro da alma de Cristo, entre Sexta-feira Santa e Domingo de Páscoa, com os justos do Antigo Testamento e de todos os povos e tempos, que aguardavam num lugar sombrio a vinda de Cristo e de sua redenção, para serem libertos e levados aos céus. Essa representação não é ilegítima. Não podemos não imaginar e representar. O que, porém, podemos e devemos, é dar-nos conta das representações e não confundi-las com a própria realidade e verdade. Todas as representações, por mais mitológicas que sejam, possuem sua verdade. Qual é a verdade da representação referida por São Pedro?

A ida e a pregação de Cristo aos infernos contêm e exprimem essa verdade salvífica e dogmática: a redenção de Cristo é universal; Ele é o único e grande sacramento de salvação; por isso todos os justos, também do tempo antes de Cristo, salvaram-se em virtude e por meio de Jesus Cristo. Como diziam os Santos Padres, os homens antes de Cristo estavam apenas pelo calendário e pela cronologia longe dele, não pelo amor, pela fé, pela esperança. Onde existem estas realidades salvíficas aí está a salvação de Jesus Cristo.

"Ora, é na descida de Cristo aos infernos que se faz a junção e o enlace entre as gerações humanas, entre o Antigo e o Novo Testamento. Aí se manifesta a unidade do plano redentor. Quando os artistas representam Cristo indo encontrar nas regiões subterrâneas nossos primeiros pais e a longa procissão dos patriarcas, nada mais fazem do que traduzir para a nossa imaginação esta verdade dogmática: que não há céu sem Cristo e que onde está Cristo está também o céu" (SALET, Gaston. *Breves réflexions sur le Credo*, p. 130). Ora, Cristo não era apenas um homem. Era também Deus. E como Deus e em virtude da sua encarnação redentora futura atingia todos os homens em todas as épocas.

São Pedro diz ainda que a boa-nova foi anunciada aos mortos para o seu julgamento (1Pd 4,5-6). Essa afirmação pode muito bem ser interpretada dentro da concepção da morte como decisão final e radical do homem. Aí se realiza o grande encontro com Deus e com a graça de Jesus Cristo. Isso vale para todos os homens. As crianças inocentes que morreram antes de qualquer decisão livre, ao morrer, entram na situação da "pregação de Cristo aos mortos nos infernos". Com isso afirmamos: elas também não estão fora da salvação trazida por Jesus Cristo; é por Ele que são salvas.

d) A situação nova do mundo: Cristo no coração da terra

Há uma outra perspectiva que nos é sugerida pela descida de Cristo aos infernos: sua penetração "no coração da terra", como o próprio Jesus se exprime (Mt 12,40). A morte, como consideramos anteriormente, não significa apenas abandono do mundo e da vida; isso forma um aspecto necessário dela. Há ainda uma dimensão mais profunda e complementar: a penetração do homem através da morte, no coração da matéria. Se o homem abandona um tipo de ligação com o mundo (corpo), é para poder relacionar-se com ele de forma mais essencial. Morte não significa um abandonar o mundo, mas um assumi-lo de forma mais integradora. A globalidade da realidade não constitui uma justaposição disparatada de elementos. Preside-a uma unidade radical; há um coração que unifica tudo num sentido real-ontológico, não só física, mas também psicologicamente. O homem se encontra num enraizamento ontológico com o mundo, pois ele é, na verdade, um espírito encarnado na matéria. Esse seu estatuto natural jamais o perde. Na morte, ele se potencializa mais e mais. Por isso, a morte não é só perda. É ganho ontológico numa união mais profunda com o ser material.

Com sua morte, Cristo "penetrou no coração da terra" (*en te kardía tes gés:* Mt 12,40). Ele a penetrou enquanto Deus encarnado. A matéria, a partir da morte e ressurreição de Cristo, conquistou assim uma nova dimensão que antes não tinha: dentro dela germina e fermenta uma nova realidade, atuante e viva, tudo repletando e levando para a sua meta final. A Escritura diz que, com a morte de Cristo, rompeu-se o véu do templo, de cima a baixo (Mt 27,51). A mística cristã, com razão, viu nesse símbolo o véu do universo, agora rompido em dois. Com a redenção de Cristo, o cosmos se abriu para Deus e se tornou veículo da divina realidade e presença.

Como Ressuscitado, Cristo está no mundo, em seu cerne e em suas camadas mais ínfimas (infernos). Começou já a transfiguração do cosmos. Essa compreensão nos esclarece o significado da afirmação da fé na instrumentalidade universal da humanidade de Cristo. Penetrando o mundo, Ele é o sacramento universal de todos os homens, porque todos estão ligados ao mundo. Todos os homens assim estão em contato, consciente ou inconscientemente, com o Cristo. Ao morrer, quando o homem penetra no coração da terra, encontra-se com a presença do Senhor ressuscitado e cósmico. Aí se dá a grande decisão e o grande encontro.

A doutrina da descida de Cristo aos infernos nos faz compreender, num sentido real-ontológico e não apenas moral ou atributivo, as dimensões verdadeiramente universais do ato salvador de Jesus Cristo e de sua atuação instrumental, ainda hoje, dentro de nossa história.

E assim podemos rezar com profunda fé: "Creio em Jesus Cristo que morreu sob Pôncio Pilatos, foi crucificado, morto e sepultado, *desceu aos infernos*".

Referências

BISER, E. "Abgestiegen zu der Hölle. Versuch einer aktuellen Sinndeutung". *Münchener Theologische Zeitschrift* 9 (1958), p. 207ss.

BOROS, L. *Mysterium mortis*. Ölten: [s.e.], 1962, p. 150-169.

DIELS, H. "Himmels und Höllenfahrten von Homer bis Dante". *NjbchKlAlt*. Berlim, 1922.

GRILLMEIER, A. "Der Gottessohn im Totenreich". *Zeitschrift für katholische Theologien* 71 (1949), p. 1-53; p. 184-203.

JEREMIAS, J. Ades. In: *Theologisches Wörterbuch zum Neuen Testament* (Kittel) I, p. 149ss.

RAHNER, K. "Abgestiegen ins Totenreich". *Schriften zur Theologie* VII. Einsiedeln, 1966, p. 145-149.

RATZINGER, J. *Introdução ao cristianismo*. São Paulo: Herder, 1970, p. 242-249.

SALET, G. *Brèves réflexions sur le Credo*. Paris: [s.e.], 1964, p. 126-130, ou em RONDET, H. *Fins do homem e fim do mundo*. São Paulo: [s.e.], 1968, p. 237-239.

IV. Juízo universal

O VAIVÉM DAS COISAS HUMANAS E OS OCULTOS JUÍZOS DE DEUS

"Nesta vida aprendemos a suportar com paciência os males, porque também os bons os suportam. E a não dar muito apreço aos bens, porque também os maus os conseguem. Assim, até nas coisas em que a justiça de Deus não aparece, topamos com divino e salutar ensinamento.

É verdade que ignoramos por que juízo de Deus este homem de bem é pobre e aquele mau é rico. Por que vive alegre este, que, de acordo conosco, deveria estar expiando, através de cruéis sofrimentos, a corrupção de seus costumes. E por que triste aquele, cuja vida exemplar deveria ter a alegria como recompensa. Não sabemos por que ao inocente não apenas não se faz justiça, mas também condenam, vítima de injustiça do juiz ou dos falsos testemunhos das testemunhas. Enquanto o culpado triunfa, impune, e, triunfando, insulta o inocente.

Ignoramos por que o ímpio goza de saúde invejável e o piedoso é consumido por pestilenta enfermidade. Por que moços salteadores e ladrões têm saúde de ferro, ao passo que crianças, incapazes de mesmo por palavras ofender alguém, são vítimas de dores cruéis.

Não sabemos por que aquele, cuja vida poderia ser útil aos homens, é arrebatado por morte prematura, quando outros, que nem mesmo mereciam ter nascido, vivem muitos anos.

Ignoramos também por que o carregado de crimes se vê cumulado de honras e as trevas da desonra cobrem o homem irrepreensível.

Quem, por fim, será capaz de coligir e enumerar as coisas desse jaez? Se tal paradoxo fosse constante na vida, em que, como diz o salmo sagrado, "o homem se fez semelhante à vaidade e seus dias passam como a sombra", unicamente os maus obtivessem os bens terrenos e transitórios e somente os bons padecessem os males, essa disposição poderia ser atribuída a juízo de Deus justo ou, pelo menos, benigno. Assim a gente poderia pensar que aqueles que não conseguirão os bens eternos, que fazem felizes os homens, são, por causa de sua malícia, enganados com os bens efêmeros e temporais. Ou, graças à misericórdia de Deus, consolados com eles, e aqueles que não sofrerão os tormentos eternos são, por causa de seus pecados, por pequenos que sejam, afligidos com os males temporais ou exercitados para o aperfeiçoamento de suas virtudes.

Como, porém, hoje em dia não apenas os bons sofrem males e os maus têm bens, coisa, ao que parece, injusta, mas também, com frequência, os maus sofrem seus males e os bons têm suas alegrias, os juízos de Deus tornam-se mais inescrutáveis e seus caminhos mais incompreensíveis.

Apesar de ignorarmos por que juízo Deus fez ou permite isso, Ele, em quem reside a soberana virtude, a soberana sabedoria e a soberana justiça e em quem não há fraqueza, temeridade, nem injustiça alguma, com isso aprendemos a não dar demasiado apreço aos bens ou aos males comuns aos bons e aos maus, e a buscar os bens próprios dos bons e, sobretudo, a fugir dos males privativos dos maus.

Quando chegarmos ao juízo de Deus, tempo propriamente chamado dia do juízo e, às vezes, dia do Senhor, reconheceremos a justiça dos juízos de Deus. Não apenas dos emitidos nesse último dia, mas também dos emitidos desde o princípio e dos que emitirá até o referido momento.

Aí também aparecerá por que justo juízo Deus faz com que todos os seus justos juízos se ocultem de nossos sentidos e de nossa razão, embora nesse ponto não se oculte da fé das almas religiosas ser justo o que se oculta."

Santo Agostinho
A cidade de Deus, livro 20°, cap. 2°,
Editora das Américas.
São Paulo, 1961, vol. 3, p. 199-200.

V. O futuro do universo

1. O QUE O NOVO TESTAMENTO ENSINA SOBRE O FIM E A CONSUMAÇÃO DO UNIVERSO?

a) Impostação do problema

"Até o tempo do Iluminismo e, no catolicismo, até a Primeira Guerra Mundial, interpretou-se a vontade de Jesus, à luz de sua pregação e de suas atitudes, da seguinte maneira: Jesus queria, como Messias de Israel e Salvador da humanidade, cumprir as promessas messiânicas do Antigo Testamento. Tendo sido rejeitado por Israel, fundou então o novo povo de Deus, a Igreja, formada de judeus e pagãos. Quando todos os povos se tiverem convertido ao cristianismo e se filiado à Igreja, então Ele voltará, porá termo ao presente estado do mundo e instaurará um mundo novo ou um mundo totalmente perfeito num estado semelhante à vida divina em íntima comunhão com Deus e com a realidade celeste. Essa conclusão parecia lógica, transparente e também convincente e mal foi posta em dúvida.

A partir do Iluminismo, porém, surgiram contra essa compreensão decisivas objeções. Vieram, por um lado, da filosofia e das ciências naturais, e, por outro, da teologia liberal dos protestantes.

A objeção científica dizia: A ideia de um começo criado e de um fim do mundo, mediante a intervenção de Deus, é cientificamente improvável e insustentável. A matéria é eterna; o fim do mundo provocado por Deus é infundado; por isso é imprevisível e, se acontecer, sê-lo-á mediante forças imanentes ao próprio mundo.

A objeção teológica rezava: Cristo não intencionou fundar nenhuma Igreja. Ele contava com um fim iminente do mundo. Nisso Ele se enganou. Como dizia A. Loisy (1857-1940): "Jesus pregou o Reino de Deus. Em seu lugar veio a Igreja".

Albert Schweitzer foi um arauto e propugnador desta ideia. Segundo ele Jesus foi, primeiro, um pregador de valores éticos e um apologeta que, juntamente com seus contemporâneos, aguardava firmemente o fim do mundo imediato. Ele se entendia como o anunciador e o preparador da irrupção do fim. Como condição, ele colocou a fé em sua mensagem e missão. Com o fechamento e rejeição de Israel, Jesus tentou mediante sua morte introduzir o fim do mundo, oferecendo-se a si mesmo como sacrifício a Deus. Morreu como um fracassado, pois Deus não interveio para libertá-lo da morte. Por isso suas ideias e suas afirmações acerca do fim do mundo e sobre uma ressurreição universal dos mortos revelaram-se como condicionadas pelas perspectivas da época. O que permanece e é válido em qualquer tempo, pensavam esses teólogos, é sua mensagem ética de obediência a Deus e de amor desinteressado pelo próximo.

Em consequência desta interpretação Schweitzer tornou-se médico e renunciou à sua cátedra de professor de Teologia e Exegese do Novo Testamento na Universidade de Estrasburgo.

Esta tese foi outrossim assumida pelos teólogos da assim chamada escatologia consequente. Eles também estão convencidos de que Jesus esperava o irromper do fim do mundo para o tempo de sua vida. Nisso, porém, ele se enganou, dando espaço para que surgissem as Igrejas cristãs que vivem desta protelação da parusia.

Esta interpretação é hoje superada por duas outras orientações: pela assim chamada interpretação histórico-salvífica e pela compreensão existencialista da parusia.

A interpretação histórico-salvífica (Oscar Cullmann) quer manter-se fiel ao modelo bíblico: Criação-Queda-Redenção (Cristo como o meio da história)-Consumação (pela superação e transformação da atual situação do mundo, mediante a ação divina). A história, segundo esta interpretação, caminha na direção desta meta final, estabelecida e alcançada somente mediante a intervenção divina. A decisão fundamental já ocorreu com a ressurreição de Cristo (embora a consumação desta vitória esteja ainda em aberto).

A interpretação existencialista (Rudolf Bultmann) rejeita aquela representação histórico-salvífica de uma linha ascendente num sentido cosmológico. Tudo isso constitui material mítico. Em vista disso, deve-se abandonar as ideias de um juízo final, de uma ressurreição dos mortos e de uma transformação deste mundo. Tudo isso são simplesmente formas de expressão para a convicção de que em Jesus Cristo Deus convidou os homens para uma derradeira decisão pró ou contra Ele e pró ou contra o homem em sua autenticidade. O objetivo da vinda e da atuação de Cristo reside antes na desmundanização do homem, na libertação da decadência de seu Eu e do mundo, em obediência a Deus e na aceitação generosa do próximo, à imagem de Cristo e em seguimento de sua palavra. Nesse sentido, a teologia é sinônimo de antropologia, isto é, doutrina sobre o caminho do homem para a sua autenticidade; a doutrina de redenção é o chamamento do homem que na palavra da pregação percebe, oferecida, a possibilidade de sua perfeita hominização (desmundanização).

O evolucionismo trouxe um componente a mais a essa orientação. Ele espera também uma consumação do mundo, numa linha ascendente. Mas, em contraposição à interpretação histórico-salvífica, afirma que a consumação total resulta de forças imanentes, o que exclui uma convulsão cósmica. Assim se aguça a pergunta: O que ensina, afinal, o Novo Testamento acerca do fim e da plenitude do mundo? Na resposta a essa pergunta, deve-se atender ao que o Antigo Testamento e o judaísmo do tempo de Cristo especularam sobre o tema.

Comumente, mantém-se hoje como válido que as expectativas do Novo Testamento não se cobrem com as categorias de representação vétero-testamentárias e com os modelos apocalípticos dados na época, seja na formulação davídico-messiânica, seja na cosmológico-apocalíptica. O Novo Testamento vê na vinda de Cristo e em sua ressurreição o acontecimento escatológico decisivo, de tal forma que tudo o que ainda acontecer depende dele. Essa compreensão centrada no evento Jesus Cristo distingue a escatologia cristã essencialmente dos modelos e representações sobre o fim do mundo, elaborados no judaísmo ou nas filosofias e religiões extrabíblicas. Ela se baseia, no fundo, na reivindicação de Jesus que colocou em sua pessoa e em sua atuação uma significação salvífica decisiva e modificadora da história. Essa compreensão – assim o viram seus seguidores – foi confirmada pela ressurreição de Cristo e pela irrupção do Espírito Santo no mundo.

Na verdade, Jesus se atém à ideia bíblica de um plano de Deus, e com isso na consumação da criação e da obra salvífica. Acentua-os de forma mais profunda, quando com sua vinda e atuação vê realizada de forma definitiva a plenitude, num futuro relativamente próximo (perspectiva escatológica), embora não determinável exatamente no tempo.

b) Resumo da doutrina neotestamentária acerca da escatologia e perspectivas para a situação de Igreja

O fio condutor da pregação escatológica de Jesus (com o pano de fundo das expectativas de libertação do judaísmo) pervade todos os escritos do Novo Testamento.

b.1) Com a vinda, atuação e destino de Jesus (Ressurreição, exaltação-entronização) ocorreu a grande e decisiva viragem da história da humanidade. As promessas da antiga aliança se completaram. O novo mundo (sem a morte, o demônio e o pecado) já está presente pela fé e pelos sacramentos, embora permaneça escondido. Segundo a concepção bíblica, o destino do cosmos depende do destino do homem. Por isso o cosmos está inserido nesse processo escatológico (Rm 8, Ef, Cl, Ap, 2Pd). A posição que se assume diante de Jesus decide o destino da humanidade e de cada um em particular.

b.2) A viragem escatológica da história do homem e do mundo, ocorrida com Jesus Cristo, tende ainda a uma plenitude e à sua completa consumação. Isso cabe somente a Deus e a Cristo realizar, quando Jesus aparecer em poder como Juiz Universal. Então criar-se-á um novo mundo, no qual as imperfeições, o mal e o passageiro, bem como a potência do mal que caracteriza a velha ordem, serão exorcizados e tornar-se-á possível uma comunhão íntima e indestrutível com Deus e uma participação em sua vida divina.

b.3) Esta transformação cósmica vem de fora, põe termo, mediante uma intervenção divina, ao velho mundo e principia um novo ato criador de Deus. Isso não ocorrerá no fim de uma lenta evolução de ordem biológica, antropológica, intelectual e ética, embora se insira dentro de um processo histórico dirigido por Deus à meta por Ele estabelecida. A linha da história da salvação, conforme as afirmações do Novo Testamento, não corre reta e sem qualquer perturbação em sua ascensão, senão ciclicamente. No fim, antes da intervenção divina, verificar-se-á, segundo as representações do Novo Testamento, um tempo de depravação religiosa e moral. Devemos, contudo, observar que o Novo Testamento não reflete sobre a relação entre fim e consumação do mundo e evolução humana.

b.4) O tempo entre a primeira vinda de Cristo, especialmente com a páscoa e pentecostes (com a assim chamada entronização de Cristo no senhorio universal) e sua parusia é tempo escatológico. Isto quer dizer: é um tempo final, de decisão que precede ao juízo universal, antecipando-o já dentro da história (especialmente Jo e Lc). A decisão por Cristo (e sua Igreja) condiciona a decisão do Juiz Universal no termo de tudo. Nesse sentido o tempo presente é caracterizado por um tempo de crise e de decisão, no qual aparece cada vez mais claramente a contradição e a separação entre os seguidores e os negadores de Cristo. O sentido da história entre a vinda de Cristo como homem e como Juiz e Consumador consiste exatamente na possibilidade de decisão em favor de Cristo.

b.5) O tempo e o modo da consumação não podem ser determinados pelos homens. Isso se conclui da reserva de Jesus e de todo o Novo Testamento em descrever tal acontecimento. As representações da primeira epístola aos tessalonicenses, bem como do discurso escatológico de Jesus (Mc 13 par) e do Apocalipse, são condicionadas pelo tempo e possuem caráter figurativo.

b.6) O comportamento dos cristãos nessa perspectiva escatológica é marcado: por uma consciência acerca do caráter de decisão que o tempo presente possui, por uma orientação constante a Cristo como o Senhor presente e Consumador vindouro, pela liberdade frente ao 'mundo', no sentido da 'desmundanização', por um serviço ao bem da humanidade e do próximo (mandamento do amor como critério), pela confissão por Cristo e por uma vida inspirada em Cristo, pela vigilância, pela fidelidade à fé, pela esperança, pela alegre certeza da consumação feliz. Àqueles que amam a Deus, todas as coisas concorrem para o seu bem (Rm 8,28) ou como os Sinóticos se exprimem: vigilância e prontidão permanente.

b.7) Apesar desta perspectiva escatológica, o cristão possui uma missão no mundo. O Novo Testamento jamais convida à fuga do mundo ou ao desprezo dos valores criacionais. Renúncia aos bens e ao matrimônio são possibilidades excepcionais, concedidas por Deus e não oriundas do poder humano. Antes, o cristão deve viver seu cristianismo no matrimônio, na família, na sociedade, no Estado, no trabalho e nas profissões (veja-se os conselhos éticos das epístolas pastorais, de Paulo, de Lucas e da primeira epístola de Pedro). Uma doentia fuga do mundo é, na segunda epístola aos tessalonicenses, combatida como não cristã (2Ts 3,1-15: "Quem não quiser trabalhar, que também não coma").

b.8) Nesse sentido, é característico da escatologia cristã e da fé acerca do fim, que alguns de seus elementos não se cobrem nem se deixam provar por opiniões, expectativas e possibilidades naturais. A isso pertence o saber sobre o caráter absoluto e decisório da pessoa e da atuação de Jesus Cristo, a fé numa consumação do mundo com a ressurreição dos mortos, como intervenção espontânea e criadora de Deus, o Juízo e a criação de novos céus e de terra nova, a insuficiência e mesmo fracasso da história da humanidade (também da evolução imanente). A evolução aponta para uma consumação final, mas não consegue realizá-la plenamente. Isso vale também para a fé no progresso humano e para todas as tentativas dos homens de criar a consumação do mundo por meios meramente imanentes. Isso contudo não deve eximir o homem de fazer tudo o que está ao seu alcance para criar um mundo mais humano. Mas o permanente, o bom e o justo, limpos de toda a imperfeição, isso cabe somente a Deus criar.

b.9) A esperança cristã como comportamento escatológico não é um malcompreendido princípio esperança que, no fundo, nada pode contra a morte. Nem significa um consolo barato que permite ao cristão retirar-se do mundo, cruzar os braços e esperar o que irá acontecer ou o que Deus irá fazer. Antes, é imposto ao cristão viver a tensão entre o aqui e o além, entre a hora presente e a última hora, entre o passageiro e o apelo ao serviço e ao amor, entre a necessidade e a indiferença, entre o caos do mundo e providência divina, entre afirmação do mundo e amor a Deus. Quanto mais o mundo toma em suas próprias mãos seu futuro e esgota suas possibilidades, tanto menos calha o cristão, nesse mundo, com suas esperanças escatológicas, tanto mais pode ser considerado um traidor ou até um louco. Contudo, são exatamente os grandes sistemas e ideologias de progresso que através da manipulação do homem pelo homem destroem o futuro e prendem o homem em seu mundo fechado e demasiadamente humano. Um futuro pura e exclusivamente humano não é, para a Bíblia, o verdadeiro futuro do homem. Pois mundo e homem transcendem infinitamente o homem. Jesus Cristo crucificado e ressuscitado não constitui apenas o princípio, mas também já as primícias e a certeza da atitude escatológica cristã, na fé, no serviço, no amor".

Otto Knoch
O que diz o Novo Testamento acerca
do fim e da consumação do mundo?
In: *Glaube, Wissertschaft und Zukunft*,
Munique, 1967, p. 111-114,130-133.

2. O FIM DA VIDA PLANETÁRIA: O ENCONTRO DO HOMEM QUE ASCENDE COM DEUS QUE DESCENDE

"O fim do mundo, ou seja, para nós o fim da terra [...] Já refletistes alguma vez seriamente, *humanamente*, nessa coisa ameaçadora e certa?

Considerada no seu início, a vida parece modesta em suas ambições. Algumas horas ao sol talvez satisfaçam, legitimando-a a seus próprios olhos. Isso, porém, não passa de uma aparência, desmentida, aliás (desde os primeiros estádios da vitalização), pela tenacidade com que as mais humildes células se reproduzem e se multiplicam [...] Eis o que transparece através de toda a enorme escalada do reino animal, eis o que se manifesta claramente ao surgir, no homem que reflete, o tremendo poder de previsão, e eis sobretudo o que não poderia deixar de tornar-se mais imperioso a cada passo que a consciência humana dá para a frente [...]

O homem-indivíduo consola-se de seu desaparecimento pensando em seus filhos e em suas obras, que permanecem. Mas que restará, um dia, da humanidade?

Assim se coloca inevitavelmente, ao cabo de todo o esforço por situar o homem e a terra no quadro do universo, o problema da morte, não mais a individual, mas a morte em escala planetária, cuja simples perspectiva, quando seriamente antecipada, bastaria para paralisar, imediatamente, *hic et nunc*, todo o impulso da terra.

Para afugentar essa sombra, Jeans calcula que a terra dispõe de ainda de milhões de milhões de anos em que será habitável, de modo que a humanidade está apenas na aurora de sua existência. Ele nos convida a deixar, nesta fagueira manhã, dilatarem-se nossos corações com as esperanças *quase* indefinidas da gloriosa jornada que principia. Contudo, algumas páginas depois, descreve-nos essa mesma humanidade tristemente envelhecida, desabusada, num astro esfriado, em face de um aniquilamento inevitável. Não há nisso uma contradição que destrói o que disse antes?

Outros procuram tranquilizar-nos com a ideia de uma evasão através do espaço. Da terra poderíamos talvez passar a vênus ou até quiçá mais longe ainda [...] Mas essa solução somente faz recuar o problema.

Para resolver o conflito interno que opõe a caducidade congênita dos planetas à exigência de irreversibilidade que a vida planetizada desenvolveu na superfície deles não basta ocultar ou protelar, mas urge exorcizar radicalmente de nosso horizonte visual o espectro da morte.

Ora, não é isso que podemos fazer graças à ideia [...] de que existe diante, ou melhor, no coração do universo, prolongado no sentido de seu eixo de complexidade, um centro divino de convergência? Chamemo-lo, para não prejulgar coisa alguma e para insistir em sua função sintetizadora e personalizante, de *ponto ômega*. Suponhamos que desse centro universal, desse ponto ômega, emanem constantemente raios só perceptíveis aos que denominamos "espíritos místicos". Imaginemos, agora, que a sensibilidade ou permeabilidade mística da camada humana, aumentando com a planetização a percepção do ômega, venha a generalizar-se de modo a aquecer psiquicamente a terra, ao mesmo tempo que esta se esfria fisicamente. Não se torna então concebível que a humanidade, ao término de seu estreitamento e totalização sobre si mesma, atinja um ponto crítico de maturação, no fim do qual, deixando para trás a terra e as estrelas voltarem lentamente à massa evanescente da energia primordial, se desprenderia psiquicamente do planeta para atingir o ponto ômega, única essência irreversível das coisas? Fenômeno exteriormente semelhante à morte, talvez; mas, na realidade, simples metamorfose e acesso à síntese suprema. Evasão para fora do planeta, não espacial e do exterior, mas espiritual e de dentro, ou seja, tal como a permite uma supercentração da matéria cósmica sobre si mesma.

Tanto quanto e talvez mais que a ideia de uma planetização da vida, esta hipótese de uma maturação e de um êxtase humanos, consequências finais da teoria da complexidade, pode parecer ousada. Entretanto, a hipótese se mantém e se reforça com a reflexão. Coincide com a crescente importância que os melhores pensadores, de todas as categorias, começam a atribuir ao fenômeno místico. Em todo caso, entre todas as suposições possíveis acerca do fim da terra, é a única que nos abre uma perspectiva coerente, para a qual convergem e na qual culminam, no futuro, as duas correntes mais fundamentais e mais possantes da consciência humana: a da inteligência e a da ação, a da ciência e a da religião".

Pierre Teilhard de Chardin
Oeuvres, t. V,
Paris, 1959, p. 153-156.

3. E DEUS SERÁ TUDO EM TODAS AS COISAS

"Tem-se alguma dificuldade em imaginar o que poderá ser o fim do mundo. Uma catástrofe sideral seria bastante simétrica às nossas mortes individuais. Mas levaria antes ao fim da terra do que ao do cosmos. E é o cosmos que deve desaparecer.

Quanto mais penso neste mistério, tanto mais o vejo tomar, em meus sonhos, a figura de uma 'reviravolta' da consciência, de uma irrupção de vida interior, de um êxtase [...] Não precisamos quebrar a cabeça para saber como a enormidade material do universo poderá algum dia desvanecer-se [...] Basta que o espírito se inverta ou troque de zona, para que imediatamente se altere a figura do mundo.

Quando se aproximar o fim dos tempos, uma espantosa pressão espiritual exercer-se-á sobre os limites do Real, sob a ação do esforço das almas desesperadamente impelidas pelo desejo de evadir-se da terra. Essa pressão será unânime. A Escritura, porém, ensina que sofrerá, ao mesmo tempo, um cisma profundo – uns querendo sair de si mesmos para dominar ainda mais o mundo; outros, baseados na palavra de Cristo, esperando apaixonadamente que o mundo morra, para com Ele serem absorvidos em Deus.

Então, sem dúvida, exercer-se-á a Parusia sobre uma criação levada ao paroxismo de suas aptidões à união. Revelando-se enfim a ação única de assimilação e de síntese que se processava desde a origem dos tempos, Cristo irromperá como um relâmpago no seio das nuvens do mundo, lentamente consagrado. As trombetas angélicas nada mais são do que um fraco símbolo. Agitadas pela mais possante atração orgânica que se possa conceber (a própria força de coesão do universo), as mônadas se precipitarão para o lugar ao qual as destinarão, irrevogavelmente, a maturação total das coisas e a implacável irreversibilidade da história – umas, matéria espiritualizada, para o acabamento sem limites de uma eterna comunhão; outras, espírito materializado, para os horrores conscientes de uma interminável decomposição.

Naquele instante, ensina São Paulo (1Cor 15,23ss.), quando houver esvaziado todos os poderes criados (rejeitando tudo o que é fator de dissociação e superanimando o que é força de união), Cristo consumará a unificação universal, entregando-se aos amplexos da Divindade, em seu Corpo completo e adulto e com uma capacidade de união finalmente completa.

Assim estará constituído o complexo orgânico: Deus e mundo, o pléroma, realidade misteriosa que não podemos dizer mais bela que Deus sozinho, pois que Deus podia prescindir do mundo, mas que não podemos tampouco supor absolutamente acessória, sem tornar incompreensível a criação, absurda a paixão de Cristo e desinteressante o nosso esforço.

Et tunc erit finis.

Como uma maré imensa, o Ser terá dominado o frêmito dos seres. No seio de um oceano tranquilizado, mas no qual cada gota terá consciência de continuar sendo ela própria, a extraordinária aventura do mundo terá terminado. O sonho de toda a mística terá encontrado sua plena e legítima satisfação.

Erit in omnibus omnia Deus
PIERRE TEILHARD DE CHARDIN
Oeuvres, t. V,
Paris, 1959, p. 401-403.

Livros de Leonardo Boff

1 – *O Evangelho do Cristo Cósmico*. Petrópolis: Vozes, 1971. • Reeditado pela Record (Rio de Janeiro), 2008.

2 – *Jesus Cristo libertador*. Petrópolis: Vozes, 1972.

3 – *Die Kirche als Sakrament im Horizont der Welterfahrung*. Paderborn: Verlag Bonifacius-Druckerei, 1972 [Esgotado].

4 – *A nossa ressurreição na morte*. Petrópolis: Vozes, 1972.

5 – *Vida para além da morte*. Petrópolis: Vozes, 1973.

6 – *O destino do homem e do mundo*. Petrópolis: Vozes, 1973.

7 – *Experimentar Deus*. Petrópolis: Vozes, 2012 [Publicado em 1974 pela Vozes com o título *Atualidade da experiência de Deus*].

8 – *Os sacramentos da vida e a vida dos sacramentos*. Petrópolis: Vozes, 1975.

9 – *A vida religiosa e a Igreja no processo de libertação*. 2. ed. Petrópolis: Vozes/CNBB, 1975 [Esgotado].

10 – *Graça e experiência humana*. Petrópolis: Vozes, 1976.

11 – *Teologia do cativeiro e da libertação*. Lisboa: Multinova, 1976. • Reeditado pela Vozes, 1998.

12 – *Natal*: a humanidade e a jovialidade de nosso Deus. Petrópolis: Vozes, 1976.

13 – *Eclesiogênese* – As comunidades reinventam a Igreja. Petrópolis: Vozes, 1977. • Reeditado pela Record (Rio de Janeiro), 2008.

14 – *Paixão de Cristo, paixão do mundo*. Petrópolis: Vozes, 1977.

15 – *A fé na periferia do mundo*. Petrópolis: Vozes, 1978 [Esgotado].

16 – *Via-sacra da justiça*. Petrópolis: Vozes, 1978 [Esgotado].

17 – *O rosto materno de Deus*. Petrópolis: Vozes, 1979.

18 – *O Pai-nosso* – A oração da libertação integral. Petrópolis: Vozes, 1979.

19 – (com Clodovis Boff) *Da libertação* – O teológico das libertações sócio-históricas. Petrópolis: Vozes, 1979 [Esgotado].

20 – *O caminhar da Igreja com os oprimidos*. Rio de Janeiro: Codecri, 1980. • Reeditado pela Vozes (Petrópolis), 1988.

21 – *A Ave-Maria* – O feminino e o Espírito Santo. Petrópolis: Vozes, 1980.

22 – *Libertar para a comunhão e participação*. Rio de Janeiro: CRB, 1980 [Esgotado].

23 – *Igreja*: carisma e poder. Petrópolis: Vozes, 1981. • Reedição ampliada: Ática (Rio de Janeiro), 1994; • Record (Rio de Janeiro) 2005.

24 – *Crise, oportunidade de crescimento*. Petrópolis: Vozes, 2011 [Publicado em 1981 pela Vozes com o título *Vida segundo o Espírito*].

25 – *São Francisco de Assis* – ternura e vigor. Petrópolis: Vozes, 1981.

26 – *Via-sacra para quem quer viver*. Petrópolis: Vozes, 1991 [Publicado em 1982 pela Vozes com o título *Via-sacra da ressurreição*].

27 – *O livro da Divina Consolação*. Petrópolis: Vozes, 2006 [Publicado em 1983 com o título de *Mestre Eckhart*: a mística do ser e do não ter].

28 – *Ética e ecoespiritualidade*. Petrópolis: Vozes, 2011 [Publicado em 1984 pela Vozes com o título *Do lugar do pobre*].

29 – *Teologia à escuta do povo*. Petrópolis: Vozes, 1984 [Esgotado].

30 – *A cruz nossa de cada dia*. Petrópolis: Vozes, 2012 [Publicado em 1984 pela Vozes com o título *Como pregar a cruz hoje numa sociedade de crucificados*].

31 – (com Clodovis Boff) *Teologia da Libertação no debate atual*. Petrópolis: Vozes, 1985 [Esgotado].

32 – *A Trindade e a sociedade*. Petrópolis: Vozes, 2014 [publicado em 1986 com o título *A Trindade, a sociedade e a libertação*].

33 – *E a Igreja se fez povo*. Petrópolis: Vozes, 1986 (esgotado). • Reeditado em 2011 com o título *Ética e ecoespiritualidade*, em conjunto com *Do lugar do pobre*.

34 – (com Clodovis Boff) *Como fazer Teologia da Libertação?* Petrópolis: Vozes, 1986.

35 – *Die befreiende Botschaft*. Friburgo: Herder, 1987.

36 – *A Santíssima Trindade é a melhor comunidade*. Petrópolis: Vozes, 1988.

37 – (com Nelson Porto) *Francisco de Assis* – homem do paraíso. Petrópolis: Vozes, 1989. • Reedição modificada em 1999.

38 – *Nova evangelização*: a perspectiva dos pobres. Petrópolis: Vozes, 1990 [Esgotado].

39 – *La misión del teólogo em la Iglesia*. Estella: Verbo Divino, 1991.

40 – *Seleção de textos espirituais*. Petrópolis: Vozes, 1991 [Esgotado].

41 – *Seleção de textos militantes*. Petrópolis: Vozes, 1991 [Esgotado].

42 – *Con La libertad del Evangelio*. Madri: Nueva Utopia, 1991.

43 – *América Latina*: da conquista à nova evangelização. São Paulo: Ática, 1992 [Esgotado].

44 – *Ecologia, mundialização e espiritualidade*. São Paulo: Ática, 1993. • Reeditado pela Record (Rio de Janeiro), 2008.

45 – (com Frei Betto) *Mística e espiritualidade*. Rio de Janeiro: Rocco, 1994. • Reedição revista e ampliada pela Vozes (Petrópolis), 2010.

46 – *Nova era*: a emergência da consciência planetária. São Paulo: Ática, 1994. • Reeditado pela Sextante (Rio de Janeiro) em 2003 com o título de *Civilização planetária*: desafios à sociedade e ao cristianismo [Esgotado].

47 – *Je m'explique*. Paris: Desclée de Brouwer, 1994.

48 – (com A. Neguyen Van Si) *Sorella Madre Terra*. Roma: Ed. Lavoro, 1994.

49 – *Ecologia* – Grito da terra, grito dos pobres. São Paulo: Ática, 1995. • Reeditado pela Record (Rio de Janeiro) em 2015.

50 – *Princípio Terra* – A volta à Terra como pátria comum. São Paulo: Ática, 1995 [Esgotado].

51 – (org.) *Igreja*: entre norte e sul. São Paulo: Ática, 1995 [Esgotado].

52 – (com José Ramos Regidor e Clodovis Boff) *A Teologia da Libertação*: balanços e perspectivas. São Paulo: Ática, 1996 [Esgotado].

53 – *Brasa sob cinzas*. Rio de Janeiro: Record, 1996.

54 – *A águia e a galinha*: uma metáfora da condição humana. Petrópolis: Vozes, 1997.

55 – *A águia e a galinha*: uma metáfora da condição humana. Edição comemorativa – 20 anos. Petrópolis: Vozes, 2017.

56 – (com Jean-Yves Leloup, Pierre Weil, Roberto Crema) *Espírito na saúde*. Petrópolis: Vozes, 1997.

57 – (com Jean-Yves Leloup, Roberto Crema) *Os terapeutas do deserto* – De Fílon de Alexandria e Francisco de Assis a Graf Dürckheim. Petrópolis: Vozes, 1997.

58 – *O despertar da águia*: o dia-bólico e o sim-bólico na construção da realidade. Petrópolis: Vozes, 1998.

59 – *O despertar da águia*: o dia-bólico e o sim-bólico na construção da realidade. Edição especial. Petrópolis: Vozes, 2017.

60 – *Das Prinzip Mitgefühl* – Texte für eine bessere Zukunft. Friburgo: Herder, 1999.

61 – *Saber cuidar* – Ética do humano, compaixão pela terra. Petrópolis: Vozes, 1999.

62 – *Ética da vida*. Brasília: Letraviva, 1999. • Reeditado pela Record (Rio de Janeiro), 2009.

63 – *Coríntios* – Introdução. Rio de Janeiro: Objetiva, 1999 (Esgotado).

64 – *A oração de São Francisco*: uma mensagem de paz para o mundo atual. Rio de Janeiro: Sextante, 1999. • Reeditado pela Vozes (Petrópolis), 2014.

65 – *Depois de 500 anos*: que Brasil queremos? Petrópolis: Vozes, 2000 [Esgotado].

66 – *Voz do arco-íris*. Brasília: Letraviva, 2000. • Reeditado pela Sextante (Rio de Janeiro), 2004 [Esgotado].

67 – (com Marcos Arruda) Globalização: desafios socioeconômicos, éticos e educativos. Petrópolis: Vozes, 2000.

68 – *Tempo de transcendência* – O ser humano como um projeto infinito. Rio de Janeiro: Sextante, 2000. • Reeditado pela Vozes (Petrópolis), 2009.

69 – (com Werner Müller) *Princípio de compaixão e cuidado*. Petrópolis: Vozes, 2000.

70 – *Ethos mundial* – Um consenso mínimo entre os humanos. Brasília: Letraviva, 2000. • Reeditado pela Record (Rio de Janeiro) em 2009.

71 – *Espiritualidade* – Um caminho de transformação. Rio de Janeiro: Sextante, 2001. • Reeditado pela Mar de Ideias (Rio de Janeiro) em 2016.

72 – *O casamento entre o céu e a terra* – Contos dos povos indígenas do Brasil. São Paulo: Salamandra, 2001. • Reeditado pela Mar de Ideias (Rio de Janeiro) em 2014.

73 – *Fundamentalismo*. Rio de Janeiro: Sextante, 2002. • Reedição ampliada e modificada pela Vozes (Petrópolis) em 2009 com o título *Fundamentalismo, terrorismo, religião e paz*.

74 – (com Rose Marie Muraro) *Feminino e masculino*: uma nova consciência para o encontro das diferenças. Rio de Janeiro: Sextante, 2002. • Reeditado pela Record (Rio de Janeiro), 2010.

75 – *Do iceberg à arca de Noé*: o nascimento de uma ética planetária. Rio de Janeiro: Garamond, 2002. • Reeditado pela Mar de Ideias (Rio de Janeiro), 2010.

76 – *Crise*: oportunidade de crescimento. Campinas: Verus, 2002. • Reeditado pela Vozes (Petrópolis) em 2011.

77 – (com Marco Antônio Miranda) *Terra América*: imagens. Rio de Janeiro: Sextante, 2003 [Esgotado].

78 – *Ética e moral*: a busca dos fundamentos. Petrópolis: Vozes, 2003.

79 – *O Senhor é meu Pastor*: consolo divino para o desamparo humano. Rio de Janeiro: Sextante, 2004. • Reeditado pela Vozes (Petrópolis), 2013.

80 – *Responder florindo*. Rio de Janeiro: Garamond, 2004 [Esgotado].

81 – *Novas formas da Igreja*: o futuro de um povo a caminho. Campinas: Verus, 2004 [Esgotado].

82 – *São José*: a personificação do Pai. Campinas: Verus, 2005. • Reeditado pela Vozes (Petrópolis), 2012.

83 – *Un Papa difficile da amare*: scritti e interviste. Roma: Datanews Ed., 2005.

84 – *Virtudes para um outro mundo possível* – Vol. I: Hospitalidade: direito e dever de todos. Petrópolis: Vozes, 2005.

85 – *Virtudes para um outro mundo possível* – Vol. II: Convivência, respeito e tolerância. Petrópolis: Vozes, 2006.

86 – *Virtudes para um outro mundo possível* – Vol. III: Comer e beber juntos e viver em paz. Petrópolis: Vozes, 2006.

87 – *A força da ternura* – Pensamentos para um mundo igualitário, solidário, pleno e amoroso. Rio de Janeiro: Sextante, 2006. • Reeditado pela Mar de Ideias (Rio de Janeiro) em 2012.

88 – *Ovo da esperança*: o sentido da Festa da Páscoa. Rio de Janeiro: Mar de Ideias, 2007.

89 – (com Lúcia Ribeiro) *Masculino, feminino*: experiências vividas. Rio de Janeiro: Record, 2007.

90 – *Sol da esperança* – Natal: histórias, poesias e símbolos. Rio de Janeiro: Mar de Ideias, 2007.

91 – *Homem*: satã ou anjo bom. Rio de Janeiro: Record, 2008.

92 – (com José Roberto Scolforo) *Mundo eucalipto*. Rio de Janeiro: Mar de Ideias, 2008.

93 – *Opção Terra*. Rio de Janeiro: Record, 2009.

94 – *Meditação da luz*. Petrópolis: Vozes, 2010.

95 – *Cuidar da Terra, proteger a vida*. Rio de Janeiro: Record, 2010.

96 – *Cristianismo*: o mínimo do mínimo. Petrópolis: Vozes, 2011.

97 – *El planeta Tierra*: crisis, falsas soluciones, alternativas. Madri: Nueva Utopia, 2011.

98 – (com Marie Hathaway) *O Tao da Libertação* – Explorando a ecologia da transformação. 2. ed. Petrópolis: Vozes, 2012.

99 – *Sustentabilidade*: O que é – O que não é. Petrópolis: Vozes, 2012.

100 – *Jesus Cristo Libertador*: ensaio de cristologia crítica para o nosso tempo. Petrópolis: Vozes, 2012 [Selo Vozes de Bolso].

101 – *O cuidado necessário*: na vida, na saúde, na educação, na ecologia, na ética e na espiritualidade. Petrópolis: Vozes, 2012.

102 – *As quatro ecologias: ambiental, política e social, mental e integral*. Rio de Janeiro: Mar de Ideias, 2012.

103 – *Francisco de Assis* – Francisco de Roma: a irrupção da primavera? Rio de Janeiro: Mar de Ideias, 2013.

104 – *O Espírito Santo* – Fogo interior, doador de vida e Pai dos pobres. Petrópolis: Vozes, 2013.

105 – (com Jürgen Moltmann) *Há esperança para a criação ameaçada?* Petrópolis: Vozes, 2014.

106 – *A grande transformação*: na economia, na política, na ecologia e na educação. Petrópolis: Vozes, 2014.

107 – *Direitos do coração* – Como reverdecer o deserto. São Paulo: Paulus, 2015.

108 – *Ecologia, ciência, espiritualidade* – A transição do velho para o novo. Rio de Janeiro: Mar de Ideias, 2015.

109 – *A Terra na palma da mão* – Uma nova visão do planeta e da humanidade. Petrópolis: Vozes, 2016.

110 – (com Luigi Zoja) *Memórias inquietas e persistentes de L. Boff.* São Paulo: Ideias & Letras, 2016.

111 – (com Frei Betto e Mario Sergio Cortella) *Felicidade foi-se embora?* Petrópolis: Vozes Nobilis, 2016.

112 – *Ética e espiritualidade* – Como cuidar da Casa Comum. Petrópolis: Vozes, 2017.

113 – *De onde vem?* – Uma nova visão do universo, da Terra, da vida, do ser humano, do espírito e de Deus. Rio de Janeiro: Mar de Ideias, 2017.

114 – *A casa, a espiritualidade, o amor.* São Paulo: Paulinas, 2017.

115 – (com Anselm Grün) *O divino em nós.* Petrópolis: Vozes Nobilis, 2017.

116 – *O livro dos elogios*: o significado do insignificante. São Paulo: Paulus, 2017.

117 – *Brasil* – Concluir a refundação ou prolongar a dependência? Petrópolis: Vozes, 2018.

118 – *Reflexões de um velho teólogo e pensador.* Petrópolis: Vozes, 2018.

119 – *A saudade de Deus* – A força dos pequenos. Petrópolis: Vozes, 2020.

120 – *Covid-19* – A Mãe Terra contra-ataca a humanidade: advertências da pandemia. Petrópolis: Vozes, 2020.

121 – *O doloroso parto da Mãe Terra* – Uma sociedade de fraternidade sem fronteiras e de amizade social. Petrópolis: Vozes, 2021.

122 – *Habitar a Terra* – Qual o caminho para a fraternidade universal? Petrópolis: Vozes, 2021.

123 – *O pescador ambicioso e o peixe encantado* – A busca pela justa medida. Petrópolis: Vozes, 2022.

124 – *Igreja: carisma e poder* – Ensaios de eclesiologia militante. Petrópolis: Vozes, 2022.

125 – *A amorosidade do Deus*-Abba *e Jesus de Nazaré.* Petrópolis: Vozes, 2023.

126 – *A busca pela justa medida* – Como equilibrar o *Planeta Terra.* Petrópolis: Vozes, 2023.

127 – *Cuidar da Casa Comum* – Pistas para protelar o fim do mundo. Petrópolis: Vozes, 2024.

Conecte-se conosco:

facebook.com/editoravozes

@editoravozes

@editora_vozes

youtube.com/editoravozes

+55 24 2233-9033

www.vozes.com.br

Conheça nossas lojas:

www.livrariavozes.com.br

Belo Horizonte – Brasília – Campinas – Cuiabá – Curitiba
Fortaleza – Juiz de Fora – Petrópolis – Recife – São Paulo

EDITORA VOZES

VOZES NOBILIS

Vozes de Bolso

Vozes Acadêmica

EDITORA VOZES LTDA.
Rua Frei Luís, 100 – Centro – Cep 25689-900 – Petrópolis, RJ
Tel.: (24) 2233-9000 – E-mail: vendas@vozes.com.br